GUIDE DE SURVIE MAGIQUE

TRAVERSER L'ADOLESCENCE
GRÂCE AUX POUVOIRS D'UNE SAGA SYMBOLIQUE

BEN HPTS

GUIDE DE SURVIE MAGIQUE

TRAVERSER L'ADOLESCENCE
GRÂCE AUX POUVOIRS D'UNE SAGA SYMBOLIQUE

LAROUSSE

SOMMAIRE

V. LE CYBERHARCÈLEMENT : LA HAINE DÉMATÉRIALISÉE

VI. SE DONNER LES MOYENS

VII. GRANDIR PLUS VITE QUE LES AUTRES

VIII. SE DÉCOUVRIR, S'ACCEPTER ET ÉVOLUER

INTRODUCTION

« *Lumos !* »

L'adolescence est une période courte et pourtant déterminante, qui nous forge pour une vie entière. Entre les doutes, les remises en question, les interrogations, le manque de confiance, les peurs, le regard des autres... tant de fragilités et d'incertitudes qui font qu'il est parfois difficile de trouver sa place. À l'intérieur de ce guide, nous allons parler ensemble de ces thématiques qui touchent les jeunes, en les mêlant à l'univers magique d'*Harry Potter* que j'aime tant, et qui traversent aussi l'existence des personnages de la saga. Ce livre a pour but de faire passer des messages importants, le tout agrémenté de bonnes doses de fantastique, de légèreté et d'humour (tu es même invité(e) à participer à des quizz et d'autres listes à remplir !). Que tu te sentes sorcier(ère) ou bien que tu sois dépourvu(e) de pouvoirs magiques, ne t'inquiète pas, tu t'apprêtes à lire des pages écrites dans la bienveillance et parsemées de témoignages éclairants.

Je m'appelle Ben, ou Benjamin, comme tu préfères, et, on ne va pas se le cacher, rien ne présageait jusque-là qu'un jour j'écrive un livre. Je suis bien plus habitué à Internet et aux réseaux sociaux sous le pseudo de « Ben Hpts », parce que je suis né avec et qu'ils m'ont fait grandir avant de devenir mon métier. Si tu te dis d'abord « Encore un livre de youtubeur que je vais m'empresser de reposer sur l'étagère », je tiens à t'assurer qu'il se veut utile, drôle, mais aussi sincère et positif.

En 2013, après un voyage en Angleterre sur les traces des héros de la saga *Harry Potter*, je décide de poster ma toute première vidéo sur la plateforme YouTube. Autant te dire que si j'avais su que, presque

dix ans plus tard, ma vie aurait pris ce tournant, je n'aurais jamais pu y croire. J'avais douze ans et demi, et j'en ai désormais vingt quand j'écris ces lignes. Comme toi, j'ai été confronté, malgré mon jeune âge, à des épreuves de la vie parfois compliquées, mais j'ai réussi à trouver de la force et un refuge salutaire en bâtissant et me plongeant dans mon propre univers.

Pour te faire un bref résumé de la suite, j'ai fait des études et validé des diplômes en marketing digital et e-commerce, puis j'ai, au fur et à mesure, professionnalisé mes activités en ligne en ouvrant, le jour de mes dix-huit ans, une première entreprise. Je continue aujourd'hui de vivre des contenus que je crée sur les réseaux sociaux, tout en gérant ma boutique en ligne et ma propre box de produits dérivés *Harry Potter*, « La Box Sur Demande ».

Si j'arrive, en toute humilité, grâce à mon expérience, mes conseils et ce regard parallèle sur la saga, à aider d'autres jeunes, j'aurai atteint mon objectif. Je n'ai, et n'aurai jamais, je l'espère, la prétention d'avoir tout vécu, et encore moins celle de détenir des recettes miracles. Mais, malgré ma jeunesse, je crois que je ne perds en rien ma légitimité ni l'authenticité de mon vécu pour le transmettre et aider ceux qui, à leur tour, vont traverser l'adolescence et les étapes de la construction de soi.

J'ai voulu un livre qui ressemble aussi à ma sensibilité et dont je suis fier : comme un bel objet de collection travaillé dans le détail selon mes goûts. J'espère vraiment qu'il te plaira aussi !

Enfin, pour être honnête avec toi, ce livre a été écrit pour toi mais il a aussi été pour moi une véritable thérapie. Avec franchise, et comme si je parlais à des proches, je me suis livré et libéré, pour qu'à ton tour, je le souhaite, tu puisses prendre ton envol avec sérénité.

I

SURVIVRE AU COLLÈGE ET AU LYCÉE

I

L'école, le collège, le lycée et la faculté sont des lieux de socialisation, mais aussi des étapes de vie cruciales qui laissent souvent des traces dans la construction d'un adolescent. Entre les rencontres, qu'elles soient bonnes ou mauvaises, mais aussi les moments de vie partagés, les peurs, les rires, ou encore les changements et les doutes : tant d'émotions et d'états qui marquent les adultes que l'on deviendra. J'ai réalisé récemment à quel point ces années avaient pu créer aussi bien des liens amicaux uniques, que des blessures encore vives. Durant cette période, j'ai parfois peiné à trouver ma place. J'ai voulu partager dans ce chapitre la manière dont j'ai vécu ma scolarité et ce que j'en ai retiré.

SURVIVRE À L'ENTRÉE AU COLLÈGE

Je pense, avec du recul, que cette première année, lorsque nous arrivons au collège, est déterminante. Nous avons l'impression de commencer à goûter à une certaine liberté et nous découvrons un nouvel environnement. Nous franchissons réellement un cap, comme si nous étions enfin dans « la cour des grands ». Au temps de l'école primaire, il y a les premières expériences importantes de socialisation, d'amitiés qui se construisent, d'amours enfantines et aussi, parfois de harcèlements, mais nous n'en n'avons pas encore une pleine conscience. Le temps du collège, lui, représente celui du passage initiatique et symbolique de l'enfance à l'adolescence et, pour certains, un bouleversement lorsqu'il s'agit de franchir cette nouvelle étape. Pour autant, d'après les nombreux témoignages que j'ai pu recueillir, ces années ne sont pas forcément évocatrices de bonheur, d'assurance ou d'affirmation.

Je suis arrivé à presque onze ans dans un collège où je ne connaissais personne, après avoir quitté la ville que j'habitais depuis ma naissance et où j'ai passé mes années d'école primaire. C'est assez drôle parce que, dix ans après, je me souviens encore de cette rentrée et de la découverte de l'établissement. Il me paraissait immense, j'avais l'impression que j'allais me perdre dans chacun des couloirs et que

ET L'ENTRÉE AU COLLÈGE
DANS *HARRY POTTER* ?

Dans *Harry Potter à l'École des Sorciers* de J. K. Rowling, la vie d'*Harry* est bousculée lorsqu'il apprend l'existence et son admission au collège des sorciers *Poudlard*. Cette nouvelle aventure débute sur le fameux « *Quai 9 ¾* » de la gare de King's Cross, là où part le « *Poudlard Express* » qui conduit *Harry* et ses camarades en direction des études de sorcellerie. Le héros et ses compagnons arrivent à *Poudlard* à l'âge où les enfants font leur entrée au collège. C'est pour *Harry* une période de grands bouleversements et la découverte d'un nouvel univers : le monde magique. Il rencontre d'autres élèves qui deviendront ses amis proches, mais aussi ceux qui lui mettront perpétuellement des bâtons dans les roues. Il doit s'adapter à ce nouvel environnement et à tous ces changements, et réussir à se faire sa place malgré son jeune âge. Étape encore plus difficile car sa renommée le précède (il a survécu à l'attaque de *Voldemort*, le puissant sorcier qui deviendra son antagoniste, en étant encore qu'un bébé) et il attire l'attention.

Harry Potter vit – comme tous les élèves de première année – la cérémonie du « *Choixpeau magique* », qui les répartit dans les maisons de *Poudlard*. Il est alors empli de doutes et de craintes à l'idée de passer devant tous les élèves et, plus encore, de finir dans la maison *Serpentard*, à propos de laquelle il n'a entendu que de mauvaises choses. Il va finalement chez *Gryffondor*, maison dans laquelle il est chaleureusement accueilli et où il retrouve les premières connaissances avec lesquelles il avait accroché.

je ne pourrais jamais mémoriser l'emplacement de toutes les grandes salles remplies de tableaux blancs brillants qui venaient d'être installés. Je me souviens avoir vécu ma propre répartition dans une classe : j'attendais jusqu'à ce que j'entende mon nom associé à la « 6e 3 ». Le grand hall d'entrée était assez moderne et très loin d'être aussi chaleureux que la « Grande Salle » à *Poudlard*. Une cour qui me paraissait immense entourait les petits immeubles qui constituaient le collège, et les dizaines d'escaliers dans tous les sens me semblaient aussi complexes que ceux dans *Harry Potter*. J'ai encore en mémoire de nombreux noms et visages de professeurs, les emplacements des bâtiments et le caractère de quelques camarades.

Je dois reconnaître que j'ai aussi occulté de nombreux souvenirs qu'il ne me paraissait pas essentiel de conserver.

J'ai toujours eu des amis, j'avais de bons résultats et pas de soucis particuliers, si ce n'est les bavardages intempestifs (qui ne sont toujours pas réglés…) et un léger goût pour un peu d'insolence, c'est en tout cas ce que l'on retrouvait parfois dans mes bulletins. Ce n'était pas la meilleure période de ma vie, ni la pire. J'ai rencontré de belles personnes et vécu de bons moments. Je me souviens de quelques courses poursuites dans les couloirs, des nombreuses tentatives et stratagèmes pour échapper aux cours de sport, des techniques bien ficelées pour passer devant tout le monde au self ou encore de quantité de chutes et situations improbables et les fameux escaliers de ce collège. Mais rien de marquant ni de bouleversant au point de me frapper ou de me manquer.

Aujourd'hui, je n'ai plus aucun contact avec des personnes de mon collège mais, quand je retrouve par hasard certaines de ces relations sur les réseaux sociaux, j'ai quand même la curiosité de regarder vers quel parcours ils se sont orientés. Avec de la distance, je réalise également à quel point mes amitiés du collège étaient fragiles. Cela ne m'empêche pas de garder dans mon cœur deux ou trois personnes avec qui j'ai passé des heures à rire, à refaire le monde et avec qui j'ai pu partager certaines épreuves. Il y a eu cette amie qui était presque ma voisine, et avec qui je faisais tous les jours le trajet entre le collège et chez nos parents. On profitait de ces moments pour se confier et on était persuadé de ne jamais se quitter. Mais ces amitiés avaient une autre dimension que celles que j'ai pu développer par la suite : elles étaient plus enfantines, volatiles, et peut-être moins sincères, avec beaucoup de disputes, de séparations ou de coups bas. Ces relations étaient plus instables, en cette période de rébellion où l'on essayait sans cesse de s'imposer. Je m'interroge sur ce besoin de s'affirmer qui peut pousser à créer des conflits ou à provoquer des situations qui permettent une reconnaissance ou une différenciation vis-à-vis des autres. Une autre époque que je ne regrette pas.

Être ou ne pas être en dehors du cadre ?

Je comptais les années avant la fin du collège, dans cette petite ville où j'avais la terrible sensation qu'il fallait absolument rentrer dans le moule que les autres imposaient et suivre des tendances assez ridicules pour ne pas être mis à l'écart. Il y avait, au collège, un jugement excessif porté sur les vêtements, et surtout les marques. Étaient pointés du doigt ceux qui, comme moi, n'en portaient pas. Je dois bien avouer que j'ai dû, au début, être envieux de ces belles marques, avant de comprendre que de faire dépenser des sommes folles d'argent à mes parents pour porter des habits, qui ne me dureraient pas plus de six mois, n'était pas envisageable ni pour eux, ni pour moi.

ILS TÉMOIGNENT

LE VÉCU DE LÉNA

Je suis arrivée dans un nouveau collège sans connaître personne et j'avais peur. Ce jour-là, j'avais une veste et un sac à dos *Harry Potter* qu'on pouvait identifier très facilement de loin, et je me suis retrouvée toute seule dans la cour car je n'osais pas parler à tous ces groupes qui se connaissaient déjà. Une fille est venue vers moi et ma première réaction a été d'avoir peur qu'elle se moque de moi, comme ça avait pu être le cas par le passé. Elle était en fait une fan comme moi de l'univers *Harry Potter*. On a alors très rapidement beaucoup discuté et échangé autour de notre passion commune. Aujourd'hui, bien des années après, je suis toujours proche d'elle. Je ne compte pas le nombre de fois où *Harry Potter* m'a permis d'avoir un premier sujet de conversation et de rencontrer de nouvelles personnes. Par exemple, presque tous les matins, en allant à la faculté, je croisais à mon arrêt de tram un garçon. J'avais repéré qu'il avait, lui aussi, un tatouage *Harry Potter*. Un jour, il a engagé la discussion lorsque nous nous sommes retrouvés dans le même wagon, car il avait aussi vu que j'étais *Potterhead*, et nous nous sommes très vite entendus. Se sont alors enchaînés des conversations et des débats autour de tous les films et des livres *Harry Potter*. C'est tellement génial et facile de pouvoir parler avec un autre fan de la saga, parce qu'on se comprend très vite et on ne se sent pas jugé sur sa passion. On peut entamer plein de discussions parce qu'*Harry Potter* ouvre les portes à de nombreux sujets, en plus de la magie, comme l'amitié, l'amour, la famille, la trahison, la construction, les défis…

Parce que tu es plus petit ou plus grand, parce que tu t'habilles avec des marques ou sans, parce que tu portes tel type de chaussures, que ta coiffure n'est pas comme celle du voisin ou encore parce que tu n'es pas assez ci ou trop ça… en réalité, il y aura toujours une raison pour qu'on te pointe du doigt. Et, à cause de tous ces jugements, tu en viens à douter de toi-même. Or, un élément important dans sa construction, c'est le *self-love*, c'est quelque chose « à la mode » en ce moment mais, en fait, c'est bien plus profond que cela : comment apprécier les autres et le regard qu'ils ont sur toi si tu n'apprends pas d'abord à t'aimer ? La personne que tu supporteras le plus longtemps dans ta vie, c'est toi-même. **C'est important d'apprendre à se connaître, de se pardonner ses erreurs, de s'autoriser des écarts et surtout d'être tolérant et indulgent envers soi-même.** L'amour de soi, ce n'est pas être narcissique et se penser le plus beau, c'est simplement savoir reconnaître ses qualités, apprécier sa propre compagnie et comprendre ses valeurs. C'est de cette manière que l'on réussit à évoluer et à appréhender ce qui nous entoure.

Je reçois tous les jours des messages bouleversants de jeunes confrontés au jugement des autres pendant leur scolarité, et qui se sentent à part, différents. Déjà, j'ai beaucoup de mal avec le mot « différent ». Que signifie-t-il réellement ? Nous sommes tous différents les uns des autres, nous avons chacun nos particularités, et ce sont justement nos singularités qui font notre authenticité. Le harcèlement est très présent dans le milieu scolaire, et la stigmatisation est plus que fréquente. Sous quel prétexte peut-on faire du mal volontairement à quelqu'un car sa passion est différente des autres, car son comportement fait qu'il se remarque davantage ou encore que ses idées divergent de la majorité ? Nous souhaitons tous nous intégrer et, malheureusement, cela pousse certains à faire tout ce qui est possible, quitte à en blesser d'autres, pour ne pas se retrouver à la place des harcelés.

Je parlais de fermeture d'esprit et de jugement, ce sont deux des principales raisons pour lesquelles je n'ai jamais parlé, durant mes années de collège, ni de ma passion pour *Harry Potter*, ni de ma

S'affirmer @
Faire face aux jugements des autres
Être différent ≠
Affronter la violence
! :

chaîne YouTube. Mes amis proches savaient que j'aimais cet univers et que je le connaissais sur le bout des doigts, mais je n'insistais pas, de peur que ça puisse se retourner contre moi. Je déteste profondément cette mentalité à laquelle je me suis soumis, pour être tout simplement intégré au groupe. On est toujours étiqueté quand on sort des cases, et faire des vidéos sur Internet, à ce moment-là, s'apparentait à être un extraterrestre qu'on pointerait du doigt dans la cour et qu'on laisserait manger seul à la cantine. Je me souviens d'une camarade qui, pendant ma scolarité, était ouvertement moquée pour les vidéos

ILS TÉMOIGNENT

LE VÉCU DE THÉO

Je ne garde pas de bons souvenirs de ma scolarité, car j'ai subi beaucoup de harcèlement, que ce soit au collège ou au lycée, du fait de ma passion pour *Harry Potter*. J'ai parfois réussi à me faire des amis et à intégrer des groupes, mais je ne me suis jamais senti à ma place à cause des remarques ou des moqueries à répétition. On me traitait de gamin, on me disait de grandir et de passer à autre chose, on me criait tous les noms des personnages des livres à l'autre bout de la cour pour essayer de me déstabiliser, on faisait semblant de me jeter des sortilèges dans l'espoir de m'humilier… Tous les moyens étaient bons pour essayer de me ridiculiser. Je n'avais pas honte d'aimer *Harry Potter*, mais on a voulu me faire ressentir que c'était un problème et que j'aurais dû m'intéresser à d'autres sujets moins « enfantins ». De nombreux amis n'ont plus voulu rester avec moi, ont décidé de m'exclure de leur groupe parce que c'était honteux de traîner avec le fan d'*Harry Potter*. Du jour au lendemain, je me suis retrouvé à manger tout seul à la cantine, à fuir tous les groupes dans la cour et à frôler les murs en essayant de me faire le plus discret possible pour qu'on ne m'attaque pas.

Ma première réaction a été d'essayer d'ignorer cette méchanceté, et je me suis beaucoup renfermé. J'en ai souffert jusqu'à ce que je décide d'en parler pour pouvoir me sortir de cette situation. Dès que j'ai pu mettre des mots sur ma situation et la raconter à des adultes de confiance, mes problèmes se sont arrangés et j'ai appris à répliquer aux remarques et à ne pas me laisser faire. J'ai finalement trouvé des amis qui se fichaient complètement de ma passion mais ne critiquaient jamais, voire qui s'y intéressaient. Parler de harcèlement, c'est difficile. Et le plus difficile, c'est de se lancer et d'oser se confier, mais ça a été pour moi très libérateur et c'est ce qui a fait que j'ai pu résoudre ces problèmes et m'ouvrir de nouveau aux autres plutôt que de rester renfermé sur moi-même.

qu'elle créait et partageait à l'époque. Alors que j'aurais dû être là pour elle, que j'aurais pu être solidaire et l'aider face à ces railleries, j'ai préféré ne rien dire, peut-être même parfois rire avec le reste de la classe, et ça, je m'en veux terriblement. J'avais tellement peur que l'on se moque de moi de la même manière, que l'on découvre mes vidéos et que ce soit à mon tour.

Les mécanismes de défense et de survie, entre courage et lâcheté...

Avec du recul, je réalise à quel point rire, c'est aussi participer à cet effet de groupe, et tout autant dévastateur pour la victime. Je n'avais absolument pas conscience à l'époque du mal que cela pouvait faire d'être simplement passif et d'écouter les moqueries sans agir. J'ai dû inconsciemment participer à du harcèlement sans le vouloir pendant ma scolarité, à cause de cette horrible loi qui consistait à laisser faire le harcèlement pour ne pas être harcelé. On est très nombreux au final à sourire, ou même rire, devant des blagues faites pour blesser une personne. C'est déjà participer à ce terrible phénomène. En grandissant et en discutant avec mes proches, je me suis rendu compte qu'on est énormément — si ce n'est pas tous — à ne pas être fier de certains actes que l'on a commis, adolescent, pour éviter d'être pris pour cible.

J'ai commencé à développer au collège un ton parfois insolent, piquant, et à aimer provoquer ou titiller pour m'affirmer et probablement montrer que j'existais. J'ai été notamment, il me semble, assez imbuvable avec ma professeure de français de troisième que j'adorais embêter, en restant quand même toujours respectueux et dans les limites. Je pense que j'ai développé ce caractère pour réussir à me faire une place dans ce milieu où je n'étais pas vraiment à l'aise.

En réalité, nous sommes complètement focalisés sur le regard des autres, sur ce qu'ils vont penser de notre façon d'être. C'est pour cela que, même si je ne pouvais pas l'exprimer à l'époque, j'ai eu besoin de me plonger et de me réfugier dans la saga *Harry Potter* ; c'était mon univers et mon échappatoire. Je vivais ma passion dans mon coin, puis je la partageais en ligne, un peu comme une autre vie parallèle que j'adorais. Tout cela pour dire que, bien que les jugements soient omniprésents pendant le collège, et même après, ils ne doivent jamais t'empêcher de faire ce qu'il te plaît et de la façon dont tu le souhaites, tant que tu ne fais de mal à personne et que tu ne te mets pas en danger.

J'ai aussi vécu du harcèlement pendant mes années collège : des moqueries, des rumeurs et, si j'y réfléchis bien, je crois qu'une partie de la classe était concernée par des attaques, à des degrés plus ou moins forts. Un jour, ça a même dépassé le cadre du collège : des insultes ont continué sur mon téléphone et même des menaces — qui m'avaient marqué mais n'ont pas eu de suite. Ce qui persiste, c'est davantage cette peur de se retrouver seul.

Histoire véridique et assez ironique quand on y pense : des années plus tard, du fait de mon métier sur les réseaux sociaux, plusieurs harceleurs sont revenus me solliciter pour que je parle de leur chaîne YouTube ou bien pour que je fasse de la publicité pour leur projet. Je n'avais alors plus aucune haine ni aucune animosité envers eux — on a tous grandi, changé, et chacun fait des erreurs — seulement bien souvent, et je l'ai appris à mes dépens, revenir vers une personne avec qui il y a eu une importante cassure n'est jamais bon. J'ai voulu parfois croire en ces liens qui pouvaient reprendre parce qu'on évolue après le collège et le lycée mais, en réalité, il y aura toujours quelque chose de rompu.

ET LES PERSONNAGES HARCELÉS ET HORS CADRES DANS *HARRY POTTER* ?

Luna Lovegood est un personnage passionnant de la saga *Harry Potter*. Complètement dans son monde, avec ses idées propres et assumées, *Luna* est une excentrique qui croit en de nombreuses théories, mais aussi en l'existence de nombreuses créatures comme le « *Ronflak Cornu* », les « *Nargoles* » ou encore le « *Joncheruine* ». C'est un personnage lunaire, comme son nom l'indique. Elle n'a pas peur de dévoiler sa personnalité et elle est honnête en toute situation, même si cela peut parfois mettre mal à l'aise. Son père tient le journal – raillé et un peu en marge – *Le Chicaneur*, auquel *Luna* est très attachée et elle croit sincèrement en chacun des articles qui y sont publiés. À *Poudlard*, elle a des difficultés à se faire des amis : ses camarades se moquent d'elle, cachent ses affaires, lui trouvent un surnom, « *Loufoca* », et n'hésitent pas à la juger. Mais son caractère et la bulle qu'elle s'est créée lui permettent de ne pas se préoccuper de ce que pensent les autres d'elle. *Luna* est tellement absorbée par son univers qu'elle semble hermétique à la méchanceté et ne la voit pas, même chez ceux qui se moquent d'elle ouvertement. Son moyen de protection contre ces attaques, c'est sa rêverie, l'expression de son art et sa petite étincelle de folie.

Si tu me suis sur les réseaux sociaux, tu sais peut-être déjà que je ne porte pas spécialement dans mon cœur le personnage de *Neville*, sans doute mon petit côté *Serpentard*, mais son histoire fait tout à fait écho. *Neville Londubat* est un garçon timide élevé par sa grand-mère, suite au destin tragique de ses parents. Il a toujours l'air un peu à côté de la plaque, il est maladroit – ou bien agaçant selon les points de vue (notamment du mien !) – mais il répond toujours présent pour rendre service. Aujourd'hui, on dirait que c'est « un vrai gentil ». Malheureusement, des élèves se moquent souvent de lui et lui font subir du harcèlement scolaire, le *professeur Rogue* aussi n'hésite pas à l'humilier publiquement, ce qui renforce son manque de confiance en lui. Cela ne l'empêche pas cependant de devenir très courageux : c'est lui qui organise la résistance à *Poudlard* (dans *Harry Potter et les Reliques de la Mort* de J. K. Rowling) en rétablissant avec d'autres membres « *L'Armée de Dumbledore* » (créée en cinquième année, dans *Harry Potter et l'Ordre du Phénix* de J. K. Rowling) quand *Voldemort* prend contrôle de l'établissement. On découvre aussi que ce personnage a une histoire lourde : ses parents sont devenus fous et se retrouvent à « *L'hôpital Sainte-Mangouste pour les maladies et blessures magiques* » après avoir été abominablement torturés par les *Mangemorts*. Ainsi, malgré le harcèlement, les violences qu'il a vécues et ses fragilités, *Neville* parvient à s'affirmer et dévoile une force de caractère insoupçonnée. Il se révèle combattant, avec une volonté à toute épreuve et une évolution remarquable.

MES MOYENS DE SURVIE EN MILIEU SCOLAIRE :

• **La musique :** c'est un vrai moyen pour moi de m'évader. J'ai toujours beaucoup écouté de musique pour m'apaiser, pour me motiver, pour pouvoir travailler ou parfois même pour m'autoriser à craquer. La mélodie et les paroles des chansons me permettent de voyager et me plongent dans une bulle réconfortante. J'ai même essayé de faire de la musique pendant un temps (mes longues années de solfège m'ont marqué), mais je crois que je préfère l'écouter que la jouer.

• **Vider mon sac** : quand je vis une situation compliquée, que je suis stressé ou bien qu'il y a une accumulation de choses un peu oppressantes, j'ai besoin de parler et d'exprimer tout ce que je ressens avant de craquer. Que ce soit auprès de certaines personnes de ma famille dont je suis proche, ou bien ma meilleure amie, il faut que je puisse extérioriser et entendre leurs précieux conseils.

• **M'ouvrir :** j'ai mis longtemps avant d'oser aller parler à un professionnel, un psychologue. Parce que je ne me sentais pas légitime et que j'avais peur que mes problèmes soient futiles. Or, aucun souci n'est futile, et si l'on ressent le besoin de parler à une aide extérieure, sans jugement, on peut le faire. J'ai constaté de réels changements sur ma santé mentale depuis que je consulte et je suis fier du parcours que j'ai accompli. Je suis beaucoup revenu avec ce professionnel sur la période du collège et du lycée qui a laissé en moi certaines marques et des blessures liées au harcèlement ou au regard des autres.

• **L'écriture :** j'ai commencé à écrire au collège des premiers textes dans un carnet. Ils reflétaient mes pensées, et j'ai très vite apprécié marier les mots entre eux. Je trouve toujours cela très libérateur de pouvoir prendre le temps de s'exprimer à l'écrit et de formuler de la meilleure des manières ce que l'on ressent. Poser des mots, c'est lourd de sens. J'ai continué, par périodes, au lycée, à écrire des histoires, puis simplement des notes ou des sentiments personnels. C'est encore aujourd'hui une grande échappatoire pour moi et une activité que j'aime profondément.

TES MOYENS DE SURVIE EN MILIEU SCOLAIRE :

- ....

....

....

- ....

....

....

- ....

....

....

- ....

....

....

- ....

....

....

ET L'ÉVOLUTION DES MENTALITÉS DANS *HARRY POTTER* ?

Malgré une légère rivalité qui reste toujours un peu présente à la fin de la saga, *Drago Malefoy* et le trio principal ne sont plus les ennemis qu'ils étaient au début. Premièrement, les derniers tomes montrent une facette de *Drago* beaucoup plus fragile et plus sensible, tiraillé entre soutenir sa famille, leurs engagements et sa propre vision des choses. *Drago* aide même *Harry* à un certain point lorsqu'il nie le reconnaître quand celui-ci est capturé avec *Ron* et *Hermione* par les *Rafleurs* dans *Harry Potter et les Reliques de la Mort* de J. K. Rowling. Alors, s'ils ne deviennent pas amis proches pour autant, l'animosité semble se calmer. Chaque personnage grandit et prend en maturité.

Lors du dernier chapitre de la saga « Dix-neuf ans plus tard », *Hermione*, *Harry* et *Ron* se retrouvent sur le quai du « *Poudlard Express* » pour accompagner leurs enfants qui, à leur tour, s'apprêtent à aller au collège sorcier. On aperçoit non loin de là *Drago Malefoy* avec sa femme et son fils, qui adresse un bref signe de tête au trio comme on saluerait d'anciens camarades après que de l'eau ait coulé sous les ponts.

SURVIVRE À L'ENTRÉE AU LYCÉE

J'attendais impatiemment de quitter le collège pour débuter la nouvelle aventure du lycée, j'avais envie de recommencer de zéro et faire de nouvelles rencontres. Je suis arrivé dans une ville bien plus grande que celle dans laquelle j'étais, avec de nouveaux visages, de nouvelles personnalités et de nouveaux codes à adopter. Le premier jour de seconde, je me suis d'abord dirigé vers quelques rares visages familiers d'élèves qui venaient de mon collège, qui étaient à la fois rassurants et qui inspiraient confiance. Puis, j'ai très vite sympathisé avec celles et ceux qui sont devenus mes amis et avec qui j'ai passé toutes mes années lycée. À l'inverse du collège, j'ai l'impression que le lycée correspond au temps des découvertes, des questionnements et de l'affirmation.

J'ai vécu une première année assez compliquée car je commençais à découvrir et apprivoiser le quotidien de ce nouveau monde, avec en même temps d'autres bouleversements à supporter. J'ai eu alors tendance à beaucoup me renfermer sur moi-même. Je n'étais pas forcément très à l'aise en classe, mais j'étais bien entouré, tout en restant dans ma bulle. Je conservais mon côté provocant avec les autres, et même parfois avec les professeurs, comme pour m'affirmer, peut-être simplement attirer l'attention ou bien apporter cette dose de rire dont j'ai tant besoin.

Mes résultats scolaires étaient globalement bons, et j'avoue avoir eu une grande chance durant toute ma scolarité : je fais partie de ceux qui ont des facilités (sauf en mathématiques, une catastrophe dès qu'il s'agit d'autre chose que des euros). Je n'ai jamais eu au lycée la patience ni la volonté d'*Hermione Granger* à apprendre par cœur chacune de mes leçons ou bien à anticiper le travail scolaire qui me serait demandé et à me documenter pour le plaisir. J'ai toujours pu être accompagné ou aidé chez moi sur tous les sujets solaires, si j'en avais besoin, ce qui est une aubaine que je savais saisir, et j'avais généralement très peu besoin de travailler. J'ai également eu la chance d'avoir des facilités pour m'exprimer à l'oral, probablement grâce à mon expérience de la parole seul face à ma caméra depuis mes douze ans et demi. J'ai toujours apprécié ces exercices oraux et la réponse aux questions improvisées.

ET L'ARME DE L'HUMOUR
DANS *HARRY POTTER* ?

L'humour non blessant est un état d'esprit qui permet de relativiser une situation, de prendre du recul ou bien de se défendre contre les drames de la vie. Les personnages de la saga utilisent le sarcasme, des comparaisons loufoques, parfois cinglantes, ou des blagues pour éviter d'alourdir davantage des situations délicates. Les rois de la farce et de l'humour à *Poudlard* sont évidemment les jumeaux *Fred* et *George Weasley*, qui incarnent la joie dans toutes les circonstances et n'hésitent pas à expérimenter la création d'articles magiques en tout genre, mais toujours dans un esprit positif et de divertissement. Ils ouvrent même une boutique « *Weasley, Farces pour sorciers facétieux* » sur le « *Chemin de Traverse* ». Cette légèreté transmise par la dérision dans *Harry Potter* équilibre avec les aventures parfois sombres des personnages et les rend encore plus attachants.

J'ai eu une vraie révélation et un sentiment de libération pendant mes années de première et terminale. Tout d'abord, j'ai changé d'environnement pour des classes dans lesquelles je me sentais bien plus à ma place et dans lesquelles une bien meilleure ambiance régnait. Et puis, j'ai enfin trouvé des matières qui me plaisaient réellement et qui m'intéressaient : l'économie et les sciences sociales, ce qui n'était pas gagné jusque-là. Il faut dire que l'enseignante était en grande partie à l'origine du succès de ce cours : elle était passionnée par son sujet et elle a réussi à transmettre son savoir avec pédagogie, en captivant toute la classe avec beaucoup d'illustrations concrètes. J'avouerai que si j'avais eu la possibilité d'étudier la métamorphose ou encore si j'avais suivi des « *cours de Potions* », cela aurait pu plus facilement me captiver !

ET LA PASSION DES ÉTUDES
DANS *HARRY POTTER* ?

Neville Londubat, dans la saga *Harry Potter*, s'intéresse et se révèle doué pour la botanique qu'il étudie à *Poudlard*, et qu'il enseignera d'ailleurs plus tard. La matière dans laquelle *Harry Potter* excelle est la « *Défense contre les forces du Mal* », il en vient même à entraîner les élèves (« *L'Armée de Dumbledore* ») dans la « *Salle sur Demande* » quand les cours – assurés par *Dolores Ombrage* – ne se résument qu'à de la théorie et qu'elle ne les laisse pas s'exercer (dans *Harry Potter et l'Ordre du Phénix* de J. K. Rowling).

J'avais également de plus en plus confiance en moi et je me sentais davantage à l'aise et en phase avec les autres. Je garde de très bons souvenirs de ces deux dernières années lycéennes parce que j'étais très bien entouré de différents groupes d'amis, et parce que j'ai appris à beaucoup relativiser et à profiter des bons moments.

Se lancer des défis et gagner en confiance

Je crois que j'ai besoin de défis et de me prouver que je suis capable de réussir. Tout comme le trio dans la saga ne cesse de se lancer des défis, en entamant de nouvelles quêtes, jusqu'au plus fou : réussir à vaincre *Voldemort*. J'ai la sensation que la saga *Harry Potter* transmet aussi le message que rien n'est impossible et qu'il suffit de se donner les moyens pour atteindre ses objectifs. Personne parmi mes camarades de classe ou mes enseignants n'aurait misé sur moi pour obtenir la mention « Très bien » à mon baccalauréat, et pourtant je l'ai eue ! J'avais une moyenne autour de 13 pendant l'année de terminale et je me souviens de m'être fixé l'objectif de donner mon maximum deux semaines avant les épreuves. Il n'y avait que moi qui me mettais la pression, c'était une compétition personnelle. J'ai fait des plannings, rédigé des fiches et j'ai travaillé ma mémoire sur tout le programme de l'année en une dizaine de jours seulement. Au final, j'ai découvert le jour des résultats que cette idée avait porté ses fruits et que j'avais décroché cette fameuse mention. Une petite fierté personnelle qui prouvait aussi que la motivation et le travail (si court soit-il !) payent.

J'ai, pendant ces deux années, également complètement assumé ma passion pour *Harry Potter*, tout comme mes vidéos sur YouTube. Je me suis décidé à revendiquer ces passions au lycée et à en être fier plutôt que de les enfouir et de les vivre en secret pour limiter les moqueries. Au lycée, nous sommes confrontés à d'autres mentalités et à une ouverture d'esprit plus grande, la maturité aidant, même si elle reste limitée pour certains. Je saisissais, en même temps que ma scolarité, des opportunités professionnelles et je commençais à construire mon métier lié à l'influence sur les réseaux sociaux.

Je sentais parfois un décalage, car j'étais surtout captivé par tout cet univers que je pouvais vivre à l'extérieur. Bien que mes amis ne m'aient jamais jugé pour mon image sur les réseaux sociaux ou ma passion, il y a eu un moment au lycée où forcément de plus en plus de monde a commencé à le savoir. J'ai entendu beaucoup de murmures, j'ai vu certains me critiquer plus ou moins discrètement, et d'autres poser des questions à mes amis sur un ton très moqueur.

En réalité, j'étais déjà tellement préparé à ces jugements que je n'ai jamais pensé à tout arrêter comme certains me disaient de le faire. J'entendais souvent des attaques ou bien des personnes qui diffusaient mes vidéos en cours, comme si je devais en avoir honte. Mais au-delà de ces petits moments où je n'étais pas forcément à l'aise, on ne m'a jamais fait en face une seule critique, la lâcheté probablement, c'est toujours plus facile d'en parler sans impliquer directement la personne. Une certitude, il ne faut pas se laisser faire mais s'imposer, c'est ce qui m'a sauvé, mais ce n'est pas donné à tout le monde d'oser répliquer. Et finalement, en ne réagissant pas à certaines attaques

MES CONSEILS POUR FAIRE FACE ET SE DÉFAIRE DU REGARD DES AUTRES :

- **Se centrer d'abord sur soi et sur ses passions, ses objectifs.** Ne pas en fixer trop, ni placer trop haut ses exigences, et se féliciter quand on les atteint pour pouvoir s'affirmer, avoir confiance en soi et s'aimer.

- **Comprendre – et accepter – que malgré tous les efforts qui seront faits, on ne peut pas plaire à tout le monde.** Mieux vaut ne pas essayer de plaire à un plus grand nombre, mais plutôt s'aimer soi et être apprécié de ses amis véritables.

- **S'affranchir le plus possible de la comparaison aux autres** et éviter de se dévaloriser lorsqu'on possède des caractéristiques physiques – ou autres – qui sont davantage moquées.

- **Lorsqu'il s'agit de propos haineux ou insultants,** ne pas hésiter à en parler à des adultes de l'établissement, ils sont aujourd'hui de plus en plus formés et prêts à combattre le harcèlement.

ou en les ignorant tout simplement, c'est devenu normal et tout le monde est passé à autre chose, je n'avais plus que régulièrement des questions curieuses autour des coulisses de la vie de youtubeur.

Quand je vivais ces moqueries, et malgré le côté répétitif, je ne me disais jamais que c'était du harcèlement scolaire. Avoir un surnom, des rumeurs qui circulent, des bruits de couloir, on est finalement tellement confrontés à ces phénomènes que c'en est presque habituel. Certaines provocations ne sont pas forcément méchantes, et je suis le premier à en faire, mais lorsqu'elles sont répétées à outrance, en groupe, sur le ton le plus agaçant possible, dans le but de blesser la personne, c'est du harcèlement. Et on le banalise bien trop souvent sous couvert d'humour, alors que ce n'est évidemment pas drôle de faire souffrir. Malheureusement quand tu vis avec ces remarques, même légères, tu en viens à être sur la défensive et à parfois aussi renvoyer la balle à d'autres qui n'ont rien demandé. J'ai toujours vu les étapes du collège et du lycée comme des épreuves, avec certains actes que tu n'es pas fier d'accomplir, mais que tu réalises quand même, un peu comme pour pouvoir survivre. Tu es en pleine construction de ton identité et dans ton affirmation par rapport aux autres : comment trouver ta place sans te faire écraser ?

Heureusement, ces années ont aussi été remplies de souvenirs qui resteront gravés et auxquels je repense avec nostalgie. Je n'oublierai pas ces pauses du midi, toujours dans le même couloir, à un emplacement précis pour éviter les surveillants, ou encore les fous rires à tout moment qui, dès qu'ils se déclenchaient, permettaient d'oublier tout ce qui pouvait être négatif autour. J'ai aussi envie de me souvenir des épreuves qu'on a chacun traversées pendant ces trois ans et pour lesquelles on répondait tous présent pour s'écouter, se soutenir ou simplement rire et se distraire. Au final, j'ai passé trois agréables années dans notre groupe bien soudé. Une nouvelle fois, nous sommes tous différents, certains garderont de très bons souvenirs de cette période-là et pour d'autres elle aura été traumatisante au point de devoir travailler dessus des années plus tard.

MES INGRÉDIENTS ET SORTILÈGES MAGIQUES DE SURVIE

LA « *CAPE D'INVISIBILITÉ* » :
LE MEILLEUR ACCESSOIRE POUR FUIR UNE CONVERSATION EMBARRASSANTE, ESQUIVER DES PERSONNES QUE TU NE SUPPORTES PAS OU BIEN PRÉPARER TES MEILLEURES BLAGUES EN TOUTE DISCRÉTION (PEUT-ÊTRE MÊME TRICHER SUR LE VOISIN, SI L'OCCASION SE PRÉSENTE).

LE « *SORTILÈGE DE MUTISME* » :
UN SIMPLE « *SILENCIO* » QUI RÉDUIT AU SILENCE QUICONQUE EST VISÉ PAR CE SORT. TRÈS UTILE POUR COUPER COURT À UNE CONVERSATION ENNUYEUSE, ABRÉGER UNE HEURE DE COURS UN PEU LONGUE OU SIMPLEMENT COUPER LA PAROLE POUR POUVOIR IMPOSER TON POINT DE VUE QUI EST INCONTESTABLEMENT LE MEILLEUR.

LA « *CARTE DU MARAUDEUR* » :
OBJET TRÈS PRATIQUE POUR AVOIR ACCÈS AU PLAN DÉTAILLÉ DE TON ÉCOLE ET, EN PLUS, VOIR TOUTES LES PERSONNES SE DÉPLACER EN TEMPS RÉEL. C'EST UN OUTIL INDISPENSABLE AU DÉBUT DE TA SCOLARITÉ POUR TE REPÉRER, PUIS LOCALISER LES PASSAGES SECRETS, OBSERVER LES AUTRES ET CONCOCTER TES MEILLEURES FARCES.

DE L'« *ESSENCE DE DICTAME* » :
C'EST LE MEILLEUR INGRÉDIENT POUR RÉPARER UNE BLESSURE QUI POURRAIT ARRIVER À TOUT MOMENT DE TA JOURNÉE DE COURS. JE NE COMPTE MÊME PLUS LE NOMBRE DE FOIS OÙ JE SUIS ALLÉ À L'INFIRMERIE PENDANT MA SCOLARITÉ POUR ACCOMPAGNER DES AMIS OU POUR MOI - MÊME (OU PARFOIS POUR RATER QUELQUES COURS, JE L'ADMETS...).

LE « *TRANSPLANAGE* » :
UN DES SORTILÈGES LES PLUS UTILES, SELON MOI. CELUI QUI PERMET DE SE TÉLÉPORTER N'IMPORTE OÙ (OU PRESQUE, SAUF DANS *POUDLARD*) ET QUI EST PARFAIT POUR NE PAS PRENDRE LES TRANSPORTS AVEC LES *MOLDUS* POUR ALLER EN COURS ET AINSI GAGNER DE PRÉCIEUSES MINUTES DE SOMMEIL.

TES INGRÉDIENTS ET SORTILÈGES MAGIQUES DE SURVIE

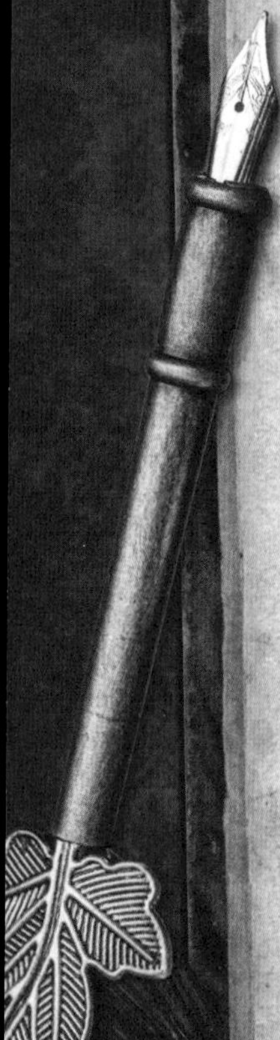

- ....

....

....

....

....

....

- ....

....

....

....

....

....

- ....

....

....

I

SURVIVRE À L'ENTRÉE EN FACULTÉ

Quand arrivent les derniers mois du lycée, il y a les fameuses questions liées à l'orientation auxquelles on ne peut échapper. Nombreux sont encore perdus et indécis sur les études qu'ils vont faire et sur les métiers qui leur plaisent. J'ai eu la chance que mes proches me rassurent sur ce sujet anxiogène en me disant que ce choix ne déterminerait pas ma vie entière, et surtout que j'avais le droit de me tromper de filière. Je savais que l'économie m'intéressait, et j'avais forcément envie de faire un lien avec ce qui m'animait dans mes créations de contenus sur les réseaux sociaux. Je savais également que j'avais envie d'une formation polyvalente et avec un certain cadre. À défaut de pouvoir entrer dans une école de magie, j'ai pu intégrer un IUT de Gestion Commerciale comprenant du marketing, de la communication, de la comptabilité, de la finance, de la négociation… et tous les aspects qui constituent une entreprise : tout un nouveau monde à découvrir !

La vie étudiante représentait une véritable libération, plus encore que le lycée, car je vivais cette fois-ci seul dans un appartement. Ce sont des années où j'ai été complètement heureux, sans jamais ressentir de jugement, bien au contraire. J'ai eu la sensation qu'on valorisait les parcours atypiques, qui étaient avant critiqués, et je me suis senti encouragé dans mes projets entrepreneuriaux. J'ai rencontré des amis formidables qui m'ont beaucoup apporté, avec qui j'ai créé de beaux souvenirs et qui ont entièrement participé à la fin de ma construction vers l'âge adulte. J'ai ensuite continué avec une Licence Professionnelle spécialisée dans le marketing digital et le commerce numérique. Plus je grandissais, plus les périodes pédagogiques étaient stimulantes pour moi, et c'est à la fac que je me suis vraiment épanoui. Comme la dernière étape de ma scolarité, cette année a marqué la fin de ma vie étudiante et le dernier cap pour arriver dans la vie active, même si elle était déjà bien en place.

J'ai eu une certaine appréhension à refermer cette page qui correspond à mes études, même si ce n'est pas définitif, parce que j'aimerais, dans un monde idéal, pouvoir conserver cette atmosphère. Lorsque tu trouves un environnement qui te plaît, dans lequel tu peux être toi-même, et que tu sais que celui-ci va être chamboulé, c'est très déstabilisant. Il y a cette inquiétude de perdre certains repères : j'ai été habitué à une ambiance de salle de classe vivante et remplie de personnalités depuis plus de quinze ans. La crainte de perdre le contact avec certains, de moins pouvoir échanger, que ces rires et ces rencontres me manquent et peut-être même la crainte de ne plus étudier. Je me souviens de la frustration quand j'ai appris que le trio d'*Harry Potter* n'était pas allé à *Poudlard* pour la dernière année d'études, dans *Harry Potter et les Reliques de la Mort* de J. K. Rowling, car ils étaient alors en plein dans la chasse des *Horcruxes. Hermione* est d'ailleurs retournée effectuer sa dernière année et passer son dernier examen à *Poudlard* une fois toute cette quête finie. Chaque personnage de la saga a ensuite poursuivi dans la vie active selon une vocation innée ou apportée par le chemin de la vie.

QUELQUES MOMENTS MARQUANTS DE MA SCOLARITÉ :

- Lorsqu'une camarde m'a bêtement ouvert l'arcade sourcilière en cours de sport, avec une raquette de tennis... je dois avouer que j'en rigole bien aujourd'hui, mais que j'ai longtemps détesté cette cicatrice au-dessus de mon sourcil qui ne ressemblait pas vraiment à l'éclair d'*Harry* !

- Quand j'ai pu tourner un court-métrage sur les violences physiques dans mon lycée complètement vide, en dehors des horaires et avec une petite équipe, à l'occasion d'un concours que je passais (et auquel j'ai d'ailleurs échoué) pour une école de cinéma. C'était unique de pouvoir se retrouver seuls dans tout ce bâtiment habituellement rempli de monde.

- Ces nombreuses heures que je passais à remplir ma calculatrice d'informations et de formules plutôt que d'essayer de réviser et de comprendre le principe d'une matrice pour, au final, systématiquement me retrouver à mettre « le mode examen » le jour du devoir, ce qui empêchait d'avoir accès aux données entrées dans l'appareil...

- Même dans les classes où je me sentais le moins à l'aise, j'ai toujours beaucoup aimé préparer des présentations orales, et porter un soin particulier au support de présentation, à ma manière de m'exprimer et aux messages que je voulais faire passer pendant ces démonstrations.

- Les sept professeurs d'espagnol que j'ai eu du collège à la fac et qui n'ont jamais réussi à me faire retenir autre chose que les formules de politesse... Grâce à eux, j'ai en revanche pu développer mes meilleures techniques de triche en toutes circonstances (c'est mon côté *Serpentard*).

QUELQUES MOMENTS MARQUANTS DE TA SCOLARITÉ :

....

....

....

....

....

....

....

....

....

....

....

....

....

....

....

....

....

QUIZZ

À QUEL POINT ES-TU *SERDAIGLE* ?

Coche chacune des situations ou faits si tu te reconnais dedans :

☒ J'ai du mal avec les surprises et les imprévus.

☒ J'adore m'organiser et planifier des évènements.

☐ Je suis curieux(se) et intéressé(e) par le monde qui m'entoure.

☒ J'ai souvent des difficultés à lâcher prise.

☐ J'ai tendance à beaucoup analyser avant d'agir.

☐ Je ne supporte pas le désordre.

☐ Lors d'un travail de groupe, j'ai toujours des idées à proposer.

☒ J'aime apprendre de nouvelles choses.

☐ Je suis assez créatif(ve) et j'ai besoin de souvent concevoir quelque chose.

☐ Je suis plutôt méthodique.

☒ Je suis incapable de tricher à un examen.

☐ J'aime bien imposer ma vision des choses.

☒ Une sortie au musée, au théâtre ou dans une galerie d'art ? J'adore !

☐ Je ne crois que ce que je vois.

☐ Quand je vais faire les courses, tu peux être sûr(e) que tous les menus de la semaine sont déjà pensés.

☒ Il m'arrive souvent d'être stressé(e) et anxieux(se).

☒ La lecture est une vraie passion qui me permet de m'évader.

☒ J'ai besoin de calme et j'ai du mal avec la foule et les grands groupes.

☒ J'aime beaucoup écrire pour exprimer ce que je ressens.

☒ J'ai tendance à me mettre beaucoup la pression.

REPORTE ICI LE NOMBRE DE CASES COCHÉES : 11..................

Tu as entre 1 et 6 cases cochées : je crois qu'il faut se rendre à l'évidence... tu n'as peut-être pas vraiment ta place dans la maison *Serdaigle* à *Poudlard*. Tu es sûrement plus à l'aise dans une chambre désordonnée que rangée à la perfection, et il est possible que le fait de planifier ta vie t'angoisse plus que ça ne te rassure.

Tu as entre 7 et 13 cases cochées : serais-tu *chapeauflou* ? C'est le cas lorsque le « *Choixpeau magique* » hésite avant de t'envoyer dans une maison à *Poudlard*. Tu es peut-être le parfait mélange de deux maisons et tu te retrouves en partie dans les caractéristiques des élèves de *Serdaigle*. Les autres quizz te permettront de trouver ta seconde moitié de maison !

Tu as entre 14 et 20 cases cochées : il n'y a plus aucun doute, tu es complètement *Serdaigle*. Tu es assez studieux(se), plutôt organisé(e) et tu as un esprit créatif. Le « *Choixpeau magique* » n'aurait pas hésité longtemps avant de savoir que tu appréciais d'avoir un certain cadre de travail, de découvrir et d'apprendre de nouvelles notions.

II

CONSTRUIRE DES RELATIONS SOLIDES

La famille, les amis, et globalement l'entourage, c'est un sujet bien ardu ! On ne choisit pas sa famille, et elle peut se révéler aussi bien exemplaire que malsaine. Par contre, on choisit ses amis qui peuvent être de vraies révélations dans notre vie, mais, si l'on veut être complètement honnête, on choisit aussi parfois des amis qui nous font subir le pire. En clair, les relations humaines, c'est compliqué. Entre les expériences que tu as pu vivre, des témoignages, des conseils et une pointe de magie, tu trouveras ici quelques clés, qui, je l'espère, pourront te guider…

FAMILLE DE SANG OU DE CŒUR ?

Je suis très complice avec mes parents, et je crois n'être en froid avec aucun membre de ma famille proche. Je réalise à quel point c'est une chance, même si la famille parfaite n'existe pas et qu'il peut parfois y avoir des histoires, des tabous ou des rancœurs. Je ne suis pas certain qu'il y ait de recette miracle pour vivre dans une famille complètement

ET LES LIENS DU SANG
DANS *HARRY POTTER* ?

L'accueil d'*Harry* comme un enfant à part entière dans la famille *Weasley* nous prouve que l'amour peut se trouver ailleurs que dans les liens du sang. Le plus important, au final, ce n'est pas le lien de parenté mais la bienveillance des parents de *Ron* et la place qu'ils font au héros de l'histoire : par exemple, dès la première année lorsque la mère de *Ron* offre à *Harry* un cadeau à Noël dans *Harry Potter à l'École des Sorciers* de J. K. Rowling. Cette bienveillance lui permet de se reconstruire malgré sa tragédie familiale (le meurtre de ses deux parents sous ses yeux). De même, le parrain d'*Harry*, *Sirius*, s'enfuit de chez lui à l'âge de seize ans, car il ne s'entend pas avec ses parents et ne partage pas leur idéologie. Il part alors chez son meilleur ami, *James Potter*. Il trouve une famille plus forte que celle à laquelle il est attaché par les liens du sang et il est réellement considéré comme un enfant du foyer. Les liens familiaux ne sont pas les plus importants dans la saga, c'est par exemple la cousine de *Sirius Black*, *Bellatrix Lestrange*, qui est responsable de sa mort lors d'un affrontement au « *Ministère de la Magie* » dans *Harry Potter et l'Ordre du Phénix* de J. K. Rowling.

harmonieuse, mais je pense que l'essentiel, c'est l'amour. Grâce à lui on peut tout surmonter. Le soutien de sa famille est important, on cherche souvent son approbation ou, au contraire, à la confronter pendant l'adolescence. La famille représente des êtres chers à qui l'on devrait pouvoir accorder toute notre confiance et tout dire, qui devraient être à l'écoute et prêts à tout pour nous aider.

ET LA FAMILLE NOCIVE
DANS *HARRY POTTER* ?

L'exemple emblématique d'une relation familiale dangereuse dans *Harry Potter* s'illustre avec les personnages de *Drago Malefoy* et de son père. Il est élevé comme le futur héritier de la famille, dans le mépris de tous ceux qui sont dépourvus de pouvoirs magiques ou qui ne sont pas de « sang pur », et de ceux qui ne rentrent pas dans les préjugés dans lesquels il grandit. Le père de *Drago* étant un partisan du redouté *Voldemort* accepte de mettre plus d'une fois son fils en danger pour servir « *Celui-Dont-On-Ne-Doit-Pas-Prononcer-Le-Nom* ». Quand le pouvoir et le paraître prennent le dessus sur la raison et la protection de son enfant, le résultat ne peut être que catastrophique. *Drago* grandit sans déconstruire ce qu'on lui a toujours répété, jusqu'à ce qu'il perde ses repères quand son père est emprisonné dans *Harry Potter et le Prince de Sang-Mêlé* de J. K. Rowling. Il se retrouve alors tiraillé, ne voulant pas décevoir sa famille, mais n'étant pas en accord avec cette fidélité à *Voldemort*. Se révèlent alors en lui de la sensibilité, de l'empathie et plus d'ouverture d'esprit. Bien qu'il ne s'éloigne pas, à ma connaissance, de ses parents et que sa mère ait fait de son mieux pour le protéger, exposer volontairement son enfant au danger est inconcevable.

Je sais que certains vivent dans des relations parentales nocives. La saga *Harry Potter* a permis à beaucoup de *Potterhead* (fans d'*Harry Potter*) d'oublier leurs problèmes du quotidien, la violence physique ou psychologique, la perte d'un proche ou encore les difficultés familiales. J'ai découvert des témoignages de lecteurs qui ont pu sortir de la dépression en se plongeant dans la féerie de cette saga, et d'autres qui se sont relevés, après des disparitions ou des épisodes de vie douloureux, en se laissant guider par le récit. C'est en cela que le mot « magie » prend tout son sens : quand on réalise à quel point elle a pu sauver et raccrocher à la vie nombre de jeunes, et de moins jeunes, qui ne trouvaient plus rien de positif dans leur quotidien.

Sortir d'une relation toxique avec un membre de sa famille, c'est accepter de se détacher de sa chair, de son sang. Mais c'est aussi surmonter le regard des autres qui ne comprennent pas forcément comment cela est possible de couper des liens naturels. Souvent, on prend conscience de la situation malsaine quand on réussit à en parler et que l'on pose des mots sur ce que l'on vit. Sans cela, comment savoir que ce n'est pas normal ? Comment connaître les limites de l'acceptable ?

DES RELATIONS AMICALES PASSAGÈRES…

J'entends souvent des gens qui regrettent des amitiés, qui se remémorent régulièrement le passé et qui s'en veulent de s'être autant livrés ou d'avoir accordé leur confiance aux mauvaises personnes. Mais je pense que, parfois, les rencontres sont aussi faites pour n'être que de passage dans nos vies, et qu'il faut regretter le moins possible, car sans la présence de ces individus, leur soutien, leurs conseils ou leur précieuse écoute, même temporaire, certains moments auraient évolué différemment.

J'ai été ami pendant plusieurs années avec quelqu'un pour qui j'aurais pu tout donner, et puis, un jour, ça s'est violemment arrêté, sans qu'on le veuille réellement. J'ai mis longtemps avant de consentir que c'était bel et bien terminé, qu'il n'y aurait pas de retour en arrière. J'avais l'impression que jamais je ne pourrai retrouver une amitié aussi sincère, mais il fallait pourtant que j'arrive à tirer un trait dessus. Mais tirer un trait ne veut pas dire garder de la rancœur ou de la haine, c'est accepter de continuer sans cette personne tout en conservant les bons souvenirs, se rappeler de ce que l'on a pu s'apporter mutuellement et ne pas déplorer la fin de la relation. Il faut parfois savoir lâcher, accepter la rupture comme finalement une délivrance, malgré toute la peine que cela inflige, pour éviter de souffrir soi-même davantage.

LA QUALITÉ PLUS IMPORTANTE QUE LA QUANTITÉ !

J'ai, pendant un moment, pensé que le plus important c'était d'être énormément entouré, d'avoir plein de groupes de potes et d'être sûr de pouvoir parler en permanence à quelqu'un. On connaît tous une personne de notre entourage qui a toujours beaucoup de monde qui gravite autour d'elle, qui est toujours très occupée. C'est ce qui me faisait envie. Mais, en réalité, tu finis par prendre conscience que beaucoup de ces gens sont opportunistes, intéressés, ou tout simplement pas sincères.

Je détestais qu'on me répète « la qualité plutôt que la quantité », mais aujourd'hui je dois reconnaître — même si ça m'agace — que cette phrase prend tout son sens dans bien des situations ! L'entourage, c'est primordial pour notre équilibre. C'est sur ce cercle qu'on va pouvoir se reposer si l'on est mal, c'est avec lui qu'on veut partager nos joies, auprès de lui qu'on ressent le besoin de se confier ou simplement de rigoler, et c'est lui aussi qui nous recadrera si l'on prend de mauvaises décisions. Il doit nous tirer vers le haut.

ET L'AMITIÉ COMPLÉMENTAIRE
DANS *HARRY POTTER* ?

L'amitié entre *Hermione* et *Harry* nous paraît éternelle, rien ne semble pouvoir l'arrêter, et c'est rassurant. Ils arrivent à être des piliers mutuels, toujours présents pour veiller avec considération l'un sur l'autre. J'ai adoré et j'adore toujours lire les passages avec ces deux personnages, parce qu'il s'en dégage une simplicité et une affection sincère. La façon dont l'amitié se construit est instructive aussi, quand on pense aux premiers contacts entre eux qui ne présageaient pas une si belle relation. Mais après une mésaventure (le troll dans les toilettes dans *Harry Potter à l'École des Sorciers* de J. K. Rowling), ils se rapprochent et deviennent inséparables. Ils se complètent : alors qu'*Hermione* a tendance à beaucoup protéger, s'inquiéter et trouver des solutions pour *Harry*, lui l'aide à révéler sa personnalité et à s'ouvrir aux autres.

J'ai longtemps considéré beaucoup de connaissances avec qui je parlais comme des amis, parce que je suis très sociable et que j'imaginais avancer avec tous ceux avec qui j'accrochais émotionnellement. J'avais peur de passer à côté de belles amitiés, ou bêtement de ne pas trouver d'autres personnes qui m'apprécieraient. En réalité, si je m'amuse à faire un petit bilan à vingt ans seulement, je n'ai gardé aucune amitié du collège, je compte parmi mes amis cinq rencontres du lycée, et à peu près autant de la fac. Il y a ensuite des amis que j'ai rencontrés grâce aux réseaux sociaux et à mon travail. Une vingtaine d'amis, et c'est déjà énorme ! Mais je suis certain que je peux compter sur eux, qu'à toute heure je peux les appeler, et réciproquement (après s'ils peuvent éviter de m'appeler au milieu de la nuit, ça m'arrange...).

Il serait utopiste de dire qu'ils seront avec moi pour toute la vie, parce que en réalité, je n'en sais rien. Bien sûr, je l'espère, mais on ignore quels évènements peuvent survenir, quelles seront les réactions de ce cercle et qui restera fidèle malgré les circonstances. Je pense qu'il faut aussi arrêter de se prendre la tête, de comptabiliser les amis, de vouloir en avoir plus que les autres. Que l'on soit bien dans l'instant présent avec ses amis et que l'on puisse tout partager avec eux, c'est ça, je crois, le plus précieux.

LOIN DES YEUX, LOIN DU CŒUR ?

Quand j'ai quitté le lycée, j'ai changé de région, pris mon indépendance et découvert le monde de la fac. C'était une nouvelle vie qui me plaisait beaucoup et je me suis inconsciemment éloigné de mes amis d'avant. J'étais dans un autre environnement, toujours avec quelque chose à faire et je ne rentrais pas souvent là où j'avais grandi, là où étaient mes amis d'enfance et d'adolescence. Au fil du temps, je me suis rendu compte que j'avais pu blesser en ne donnant jamais de nouvelles, en étant comme « passé à autre chose ».

ILS TÉMOIGNENT

LE VÉCU D'HUGO

Nombreux sont ceux qui ont vécu des histoires souvent très touchantes, bouleversantes autour de la scolarité mais, de mon côté, c'est une période qui s'est déroulée sans problème et je crois n'en garder que de bons souvenirs. En étant dans une petite ville, j'ai toujours été proche de tous mes camarades de classe, on allait tous au même collège, puis au même lycée. Mes amis sont des amis d'enfance et je n'ai pas été séparé d'eux pendant des années. On se retrouvait tous chez l'un ou chez l'autre à la fin des cours, on faisait du sport ensemble et on était dans des relations de confiance, où l'on pouvait tout se dire. Pour moi l'école, de façon générale, a toujours été associée à mes amis, à une bonne ambiance, à toutes nos bêtises, aux premières amours et à l'apprentissage de soi et des autres.

Je constatais parfois que des élèves se faisaient chahuter, ou que certains subissaient des remarques parce qu'ils s'habillaient différemment des autres ou parce qu'ils avaient des centres d'intérêts singuliers, mais je ne me rendais pas compte de l'ampleur de ce qu'ils vivaient et des traumatismes que ça pouvait laisser. Quand je vois les statistiques autour du harcèlement scolaire, je suis choqué et désemparé à l'idée que d'autres de mon âge aient vécu leur scolarité complètement différemment de la mienne. En allant à la faculté, j'ai ressenti les choses différemment, parce que j'arrivais dans une grande ville et que cette fois-ci je ne connaissais personne. Mais j'ai très vite discuté avec d'autres élèves qui étaient eux aussi un peu perdus dans ces grands amphis et avec qui j'ai pu rapidement sympathiser pour également vivre de très belles années étudiantes.

C'est en communiquant que je me suis de nouveau rapproché de ces amis, c'est comme ça que l'on a pu se retrouver, en discutant et en mettant les choses au clair, parce que l'on tisse des liens uniques pendant les années de lycée et que l'on garde beaucoup de souvenirs de cette période. Mais c'est normal aussi de parfois s'égarer et de ne pas réussir à donner de nouvelles à tout le monde. La seule certitude, c'est que discuter permet d'apaiser les relations, d'éviter les quiproquos et les conflits. Et si l'on veut préserver des liens anciens auxquels on tient, il faut continuer à faire signe et à prendre des nouvelles, même si les chemins nous éloignent.

S'AFFRANCHIR DES FRONTIÈRES EN AMITIÉ

Mises à part les relations rencontrées dans le cadre scolaire, je ne compte parmi mes amis que des personnes plus âgées que moi, d'environ cinq à dix ans. J'ai été très tôt sur Internet et j'ai pu croiser des individus qui avaient la même passion, qui faisaient le même métier, et avec qui je me suis toujours senti très à l'aise. Ces personnes ont-elles gardé une âme de jeune adulte, ou bien est-ce que je raisonne déjà comme un trentenaire ? Un mélange des deux me rassurerait au moins à moitié — j'ironise, bien sûr —, l'important c'est la connexion que l'on ressent avec les autres, et non l'âge de chacun.

Comme je le dis dans le chapitre « Grandir plus vite que les autres » (voir page 163), je pense que l'on a tous une maturité différente qui nous pousse, selon notre vécu et les épreuves que l'on a traversées, à aller vers certaines personnes plus que d'autres. Si j'ai des amis plus âgés, il ne faut y voir rien de malsain, aucun rapport de force, ni un besoin d'être rassuré par des personnes qui ont plus d'expérience, c'est juste que c'est avec eux que je me sens le plus en adéquation. Pourtant certains se permettent d'émettre un jugement et on m'a souvent fait la remarque : « Ce n'est pas un peu bizarre de traîner avec des gens qui ont presque dix ans de plus que toi ? » ou encore « Tu es sûr qu'ils te considèrent aussi comme un ami ? ».

Je me souviens aussi, quand je faisais des rencontres sur Internet, qu'on me disait que ce serait éphémère, qu'il fallait se méfier, ou bien que de parler quatre heures par jour à quelqu'un sur la toile n'en faisait pas ton ami, que ce n'était pas la vraie vie. **Attention, il faut bien sûr être méfiant à l'égard des personnes à qui l'on parle, surtout quand on est jeune, vérifier l'identité de ceux avec qui on échange et s'assurer de leurs intentions** mais, je me rappelle, étant ado, d'avoir la sensation que des liens forts se tissaient sur Internet et devenaient finalement une partie cachée de ma vie quand l'ordinateur était éteint. La meilleure manière de faire comprendre ces amitiés à ses parents, c'est de leur expliquer tout simplement comment elles sont nées, du virtuel à la réalité, de les rassurer parce que ce sont des parents (ils sont et seront toujours inquiets). Je me souviens de la première fois que j'ai eu l'autorisation d'aller tout seul à Paris, c'était un pas important vers mon indépendance, et c'est dans cette ville que j'ai pu inaugurer mes premières rencontres amicales qui avaient démarré sur une plateforme numérique. Ces amis sont aujourd'hui — bien au-delà des réseaux sociaux — des personnes formidables, qui avaient à l'origine les mêmes passions et le même état d'esprit que moi.

LES INGRÉDIENTS D'UNE RELATION PARFAITE

LISTE 5 CARACTÉRISTIQUES
QUI TE FONT CRAQUER
EN AMITIÉ OU EN AMOUR !

VOICI LES MIENNES :

- L'HUMOUR ET L'AUTODÉRISION ;
- LA LOYAUTÉ ;
- LA SPONTANÉITÉ ;
- LA RESPONSABILITÉ ;
- L'OUVERTURE D'ESPRIT.

ET LES TIENNES ?

- ....
- ....
- ....
- ....
- ....

QUELS INGRÉDIENTS
UTILISERAIS-TU POUR CONCOCTER LE PARFAIT PHILTRE D'AMOUR ?

VOICI LES MIENS :

- UNE BASE D'EAU DE ROSE POUR LA DOUCEUR
- AGRÉMENTÉE D'UN SOUPÇON DE CRIN DE LICORNE POUR LA BEAUTÉ ET LA RARETÉ
- AVEC UN ZESTE DE LAPIS LAZULI POUR LA CONFIANCE
- ET, POUR LA TOUCHE FINALE, UNE PLUME DE PHÉNIX POUR L'ÉTERNITÉ ET LA RÉGÉNÉRESCENCE.

ET LES TIENS ?

UNE BASE ....

....

....

AGRÉMENTÉE D'UN SOUPÇON ....

....

....

AVEC UN ZESTE DE ....

....

ET, POUR LA TOUCHE FINALE, ...

....

....

....

ILS TÉMOIGNENT

LE VÉCU DE TESS

Les relations avec les gens de mon âge sont souvent compliquées et je me sens régulièrement incomprise. J'ai toujours été – et je suis encore – très proche de ma famille. Elle est mon roc face à toutes les épreuves et je suis certaine de toujours pouvoir compter sur elle. J'ai vingt ans et, pendant ma scolarité, je n'ai jamais eu cette facilité à me faire des amis et à m'intégrer. En revanche, ce que beaucoup ne comprennent pas parfois, c'est que je n'en ai jamais souffert et je ne recherche pas à tout prix à être très entourée. J'ai quelques amis que j'aime mais, que ce soit au collège ou bien au lycée, je n'ai jamais cherché à aller vers les autres. Je suis de nature réservée, parfois renfermée, et ce n'est pas une punition pour moi que de ne pas sortir avec des amis tous les week-ends ou de ne pas voir grand monde en dehors des cours. Si l'on n'était pas venu vers moi pendant les récréations ou les pauses, je suis sûre que je n'aurais jamais engagé la conversation parce que je n'étais pas à l'aise. Ce n'est pas pour autant que je m'ennuie, que je déprime ou que je me sente seule, car j'apprécie ma propre compagnie et je trouve toujours de quoi m'occuper, notamment avec *Harry Potter*. Je construis très régulièrement des *Do It Yourself* autour des objets que l'on voit dans les films, je m'amuse à imiter certaines baguettes en les fabriquant moi-même ou encore j'invente des objets magiques qui n'existent pas.

Je rédige aussi beaucoup de *fanfictions* autour de l'univers, dans lesquelles je peux continuer, à ma manière, d'écrire la saga *Harry Potter* en dirigeant les personnages et prolongeant la magie. En partageant ces histoires et en lisant beaucoup de blogs, j'ai rencontré d'autres fans de tous âges et tous horizons, grâce à Internet et aux plateformes de partage. Certains sont devenus des amis très proches avec qui j'échange tous les jours. Même si parfois j'aimerais les voir en vrai, discuter à travers les écrans ne me dérange pas et je ne me sens pas moins liée à eux à cause de cela.

ÊTRE SOI-MÊME À TOUT PRIX

Je crois qu'il ne m'est jamais arrivé de faire semblant pour tenter d'intégrer des groupes, je ne me suis jamais forcé à suivre une tendance pour être apprécié et, même si ça a pu m'isoler parfois, je ne l'ai jamais regretté. Je n'ai jamais fumé (promis, je ne dis pas ça parce que mes parents liront ce livre), je ne suis jamais allé dans des grosses soirées avec des inconnus parce que ça me faisait paniquer, et j'ai mis longtemps avant de goûter à l'alcool. Cela m'a fait me sentir différent, « bizarre » pour beaucoup de ne pas vouloir aller me « bourrer la gueule », sortir au milieu de la nuit ou faire la fête en boîte. Je ne critique bien sûr pas ceux qui le font et qui aiment ça, ne pas fumer ne me rend pas meilleur que quelqu'un qui fume, mais j'aurais aimé qu'on ne me pointe pas du doigt à cause de mes choix. Tu as le droit de vouloir t'amuser en allant t'éclater en soirée, tout comme tu as le droit de n'avoir ni envie de sortir, ni d'aller en soirée, et de ne jamais mettre les pieds dans une boîte de nuit. D'ailleurs, une des seules fois de ma vie où je suis allé en boîte, c'était à Paris avec une très bonne amie, dans un restaurant qui s'est transformé en discothèque en fin de soirée. Le plus drôle c'est qu'on a failli se faire recaler dès l'entrée à cause de nos tenues. Au final, je me suis bien amusé, malgré des danses plus que discutables, et je ne me suis jamais senti obligé, à aucun moment.

Je reçois tous les jours des témoignages de personnes qui se sentent exclues ou pas réellement intégrées dans leur groupe « d'amis » : le nombre de messages que j'ai eu me demandant, par exemple, si c'était normal que l'on se moque de sa passion pour *Harry Potter*, si les amis ont le droit de se juger sur leurs envies, ou même d'exclure. La réponse, c'est que oui, tout le monde a le droit d'exclure quelqu'un de sa vie, mais on ne peut alors plus considérer cette personne comme ami. Être rejeté parce qu'on aime cette saga ou bien une autre, et ce peu importe l'âge, ne fait que témoigner de la fermeture d'esprit de certains. Je ne pense pas qu'on puisse considérer comme des amis des gens qui ne t'acceptent pas comme tu es. L'adolescence est déjà une période difficile et charnière, alors pouvoir se réfugier dans un univers peut être salutaire pour ne pas perdre pied.

Quelqu'un qui trouve à redire sur les passions que tu as, sur les vêtements que tu portes ou sur les choix que tu fais, ne mérite pas de faire partie de ton entourage. La tolérance n'est malheureusement pas ancrée chez tout le monde. Je sais ce que tu peux ressentir, je sais que ça peut être difficile de couper les ponts avec des amis, quand tu n'as qu'eux autour de toi, mais je t'assure que tu n'as pas une minute à perdre avec des personnes qui te rabaissent ou déstabilisent la confiance que tu as en toi.

MON PÊLE-MÊLE DE RENCONTRES ET DE SOUVENIRS.

LES SIGNES D'UNE AMITIÉ TOXIQUE

Il / elle critique en permanence et avec moquerie :

- ton physique ;
- la façon dont tu t'habilles ;
- ce que tu écoutes comme musique ;
- tes passions et tes goûts ;
- ta manière de rire, réagir ou te comporter ;
- tes autres amis ;
- ta famille.

LES SIGNES D'UNE AMITIÉ MAGIQUE ET BIENVEILLANTE

Il / elle te soutient et t'apporte des conseils et des remèdes :

- quand tu as des doutes ;
- quand tu n'as pas le moral ;
- quand tu traverses de rudes épreuves ;
- quand tu as peur ;
- quand tu as besoin d'être rassuré(e) ;
- toujours avec honnêteté et dans ton intérêt ;
- sans rien attendre en retour.

Il / elle accepte et aime :

- ta singularité ;
- tes qualités et tes défauts ;
- tes erreurs ;
- ta personnalité ;
- t'aider ou te rendre service ;
- organiser des moments précieux avec toi ;
- t'écouter avec attention.

LA PEUR DE LA TRAHISON ET DE LA SOLITUDE

Dans les relations, le plus difficile c'est de faire confiance, d'accepter de s'ouvrir, de se laisser aller et d'être complètement soi-même. On peut se sentir vulnérable après avoir été trompé, trahi ou, sans même l'avoir vécue, on peut redouter cette expérience. Mais en réalité, elle pourrait très bien se produire avec n'importe qui et n'importe quand, alors tant qu'à faire, il vaut mieux s'amuser et s'élancer — avec prudence — mais profiter. La trahison est un sentiment que j'ai ressenti plusieurs fois, encore plus dans le milieu de l'influence : quand tes projets sont intéressants et que tu attires l'attention, tu as du monde qui finit par graviter autour de toi, et si, par malheur, une faille pointe le bout de son nez, alors tous tes « amis » disparaissent.

Ne soyons pas utopistes, les gens ne sont pas tous gentils, mais bon, tu n'as sûrement pas besoin de ce livre pour le découvrir. L'important est de réaliser quelles sont les personnes qui restent pour toi envers et contre tout.

J'ai parfois l'impression, avec tout l'amour que je reçois des nombreux messages sur les réseaux sociaux, que je suis très entouré, mais quand j'y pense trop longtemps, une interrogation s'installe et me terrifie : si tout s'arrêtait, est-ce que je ne serais pas extrêmement seul ? Ma solution, pour ne pas trop angoisser, c'est tout simplement d'essayer de ne pas y penser. J'admets, ce n'est pas le meilleur conseil… La vraie solution est de réussir à s'entourer de personnes dont les liens sont réels et solides.

Une amitié, ce sont des hauts et des bas. Par moment, tu prends tes distances, et à d'autres tu es plus proche. On n'est pas obligé de se parler tous les jours. Franchement, ce n'est pas important que la personne n'ait pas répondu à ton dernier message, même si au-delà d'un certain nombre sans réponse, tu peux commencer à te poser des questions. Au risque de radoter, un seul mot d'ordre pour une amitié et des relations saines : communiquer.

À partir du moment où tu arrives à appréhender ton caractère et tes réactions, tes qualités et tes défauts, tu peux davantage comprendre les réactions des autres en prenant en compte les sensibilités de chacun. Moi, par exemple, je dois être insupportable à vivre. Si tu n'as pas d'autodérision, tu ne pourras pas m'apprécier, j'ai besoin de titiller en permanence les gens, je prends beaucoup de place et parais très sûr de moi par rapport à d'autres gens. Honnêtement, j'admire et je remercie mes potes qui réussissent à me canaliser.

ET L'AMITIÉ À TOUTE ÉPREUVE
DANS *HARRY POTTER* ?

L'amitié est très présente dans la saga *Harry Potter* et transmet des valeurs fondamentales. Ce n'est pas parce que le trio est réellement soudé qu'il ne leur arrive pas de se disputer, d'éprouver de la jalousie, de parfois complètement dérailler, de faire des erreurs et de se pardonner. *Harry* est un personnage qui a trouvé en ses amis une famille de cœur bien plus inébranlable que les relations qu'il entretient avec la famille de sang qu'il lui reste. L'amitié du trio est indéfectible et la loyauté d'*Hermione* et *Ron* en témoigne. Ils sont, par exemple, tous les deux prêts, lors de la quête finale dans *Harry Potter et les Reliques de la Mort* de J. K. Rowling, à faire des sacrifices immenses en effaçant la mémoire des parents d'*Hermione* ou en laissant derrière eux leur famille. C'est une amitié complémentaire où chacun s'entraide et ils finissent toujours par se réconcilier malgré les disputes, car l'équilibre et l'amour sont toujours plus forts.

LES AMITIÉS-COUP DE CŒUR INSOLITES

Et puis, il y a ces amitiés inexplicables et assez bouleversantes. Elles arrivent comme des coups de cœur, et c'est tellement simple que ça peut paraître étrange. J'ai envie de te raconter des anecdotes sur deux amies que j'ai connues grâce au travail, mais dans des milieux complètement différents.

La première, c'était lors d'une rencontre avec mes abonnés, au début de l'année 2018, dans une librairie lyonnaise. J'ai eu d'abord quelques échanges de mails avec une des libraires qui organisait l'évènement, puis j'ai passé toute une journée de partage avec elle en discutant naturellement, comme si on se connaissait déjà. Je ne pouvais pas partir sans lui laisser mon numéro, je ne pouvais pas terminer cette journée sans avoir la certitude qu'on pourrait se parler à nouveau et se revoir, tellement nos caractères correspondaient ! Un an et demi plus tard, je lançais ma toute première box *Harry Potter* chez elle, si bien entouré et encouragé par ses précieux conseils.

La seconde rencontre me fait sourire quand j'y pense, parce qu'elle témoigne réellement de la complicité qui peut se créer entre deux humains avec des atomes crochus dans un cadre, qui, à la base, était bien austère. Bon, ce n'est pas dans une morgue non plus que j'ai fait cette rencontre, mais dans une banque ! J'avoue que je ne m'étais pas dit le matin en me réveillant que j'allais adorer ma conseillère financière au premier rendez-vous, dans une ville en plus où je débarquais. En même temps, parler PEL, livret jeune et compte épargne ce n'est, en général, pas ce qui te lie d'amitié avec les autres (bien qu'on aime tous les deux l'argent et le champagne aussi, ce sont nos deux péchés mignons, mais ça va ensemble). Enfin bref, au fil des rendez-vous bancaires, qui étaient parfois des prétextes pour pouvoir discuter, on a fini par se voir en dehors et concrétiser cette amitié qui démarrait d'une manière bien originale. Les coups de cœur peuvent arriver à tout moment et ne se calculent pas !

AMIS, AVEC QUI ?

Pour moi, il est évident que l'amitié entre les femmes et les hommes existe. J'ai du mal à concevoir que l'on puisse passer à côté d'une belle relation sous prétexte qu'il pourrait y avoir des sous-entendus. Je trouve qu'il y a trop de clichés à ce propos et, pour moi, un garçon — qu'il soit célibataire, en couple, hétérosexuel ou homosexuel — peut complètement se lier d'amitié avec une fille sans malaise. Il est certain que si, à l'origine, il existe une attirance physique, les fondations seront plus compliquées. En revanche, si l'un venait à être attiré par l'autre lors de la relation d'amitié, la meilleure chose est pour moi de jouer la sincérité plutôt que de cacher ou refouler son amour. Dans le pire des cas, il faudra s'éloigner car les sentiments ne seront pas réciproques et la relation pourrait devenir malsaine si elle est à sens unique. Et, dans le meilleur des cas, ce sera peut-être l'occasion pour l'autre de révéler aussi des sentiments plus profonds inavoués. Ici aussi, l'honnêteté, même si elle conduit parfois à des épreuves douloureuses, évite de souffrir sur le long terme.

ATTENTION AUX COMPARAISONS !

On se compare tout le long de sa vie, entre frère et sœur, entre amis, au travail, mais au final qu'est-ce que la réussite ? Qui a le mieux réussi ? Celui qui a le plus d'argent ? Celui qui paraît le plus heureux ? Celui qui a le plus d'amis ? Celui qui se satisfait de passer ses soirées sous le plaid devant une série ? Ce que je veux dire par là, c'est de vivre ta vie comme tu l'entends — tout en t'ouvrant à celle des autres —, te dire qu'il y a autant de réussites possibles qu'il y a de caractères sur cette terre. On a tous des objectifs différents, des envies, des ambitions ou encore des opinions qui divergent, et heureusement parce que c'est beau la diversité. Heureusement aussi, tu croiseras sur ton chemin des personnes qui auront des points communs, les mêmes envies et les mêmes opinions que toi.

MES CONSEILS POUR S'INTÉGRER ET SE FAIRE DES AMIS :

- **Rester soi-même :** c'est super bateau, je sais, mais c'est la stricte vérité. Se forcer à être quelqu'un d'autre pour plaire à certaines personnes, ce n'est pas vivable sur le long terme. Tu ne peux pas être heureux(se) en prétendant être qui tu n'es pas.

- **Prendre le temps :** ce n'est pas grave si tu ne trouves pas tout de suite des personnes qui accrochent avec ton caractère, il vaut mieux être patient(e) et trouver les bons amis.

- **Oser aller discuter avec les autres :** c'est l'étape la plus compliquée, surtout si tu as un caractère assez réservé ou timide, mais dans la majorité des cas les rencontres en milieu scolaire démarrent d'une simple question ou d'un échange banal.

- **Utiliser l'humour :** c'est la meilleure manière de parler facilement et de contrer la gêne que peuvent provoquer les premières discussions.

- **Trouver des points communs :** le plus facile, c'est de réussir à trouver des personnes qui ont les mêmes passions que toi. Je ne te dis pas d'aller vérifier qu'untel est fan d'*Harry Potter* avant de devenir ami(e) avec, mais ça permet de créer plus rapidement des liens.

AMOUR… NI PRESSION, NI REGRET

La famille, les amis… dans les relations, il ne faut pas oublier l'amour ! C'est peut-être ce dernier qui est le plus compliqué. C'est dingue la pression qu'on peut te mettre à l'adolescence pour être en couple et avoir des expériences amoureuses ! Si, déjà, on pouvait bannir les questions sur les amours de la part des grands-parents, celles qui te mettent mal à l'aise en plein milieu du repas de Noël ! Le plus important en amour, c'est de ne pas se forcer et d'essayer d'oublier les pressions que l'on se met (ou que l'on nous met), pour laisser les choses se faire naturellement, à quinze, trente ans ou cinquante ans, on s'en fiche !

ET LES REGRETS AMOUREUX DANS *HARRY POTTER* ?

Le pire dans le fait d'avoir des regrets, c'est que ça ne fait que développer de la rancœur, ça abîme et ça rend amer. N'est-ce pas, *Severus Rogue* ? Ce personnage d'*Harry Potter* n'a toujours eu d'yeux que pour une seule et même femme, qui sortait avec le futur père du héros. Après une enfance difficile, *Rogue* trouve en *Lily* tout ce qu'il a toujours voulu. Mais elle n'est que son amie et l'adolescent en pleine construction va subir du harcèlement, notamment de la part de celui qui va devenir le petit ami de la fameuse *Lily*. Face aux persécutions qu'il vit, il s'en prend à la seule personne qu'il aime. Il intègre les *Mangemorts*, les « méchants », mais en réalité, toute sa vie, il pense à *Lily*, même après sa disparition, et il protège *Harry Potter*, l'enfant de *Lily*, dès qu'il le sait en danger, ce que le lecteur (et *Harry* !) découvre dans *Harry Potter et les Reliques de la Mort* de J. K. Rowling. Ce personnage, qui n'a jamais réellement avoué son amour à la femme de sa vie, est complètement détruit et se met à son tour, à l'âge adulte, à harceler ses élèves. Et, même s'il le protège, *Rogue* s'acharne sur *Harry*, car il lui rappelle constamment la mort de *Lily* et les tourments infligés par son père. Les regrets, le harcèlement et la rancœur ont détruit cet homme agent double.

On se souvient de son premier amour, de celui ou celle qui nous a fait ressentir quelque chose de plus que les autres, pour qui on était prêt à tous les sacrifices, ou presque. Mais comment savoir si l'on est vraiment amoureux ? Comment être sûr que c'est la bonne personne ? Comment accorder sa confiance ? Tellement de questions qui se posent tant qu'on ne franchit pas le cap d'essayer, tout simplement. Se laisser aimer et aimer en retour, apprécier chaque instant en la présence de l'autre, l'amour peut être une force magique ! Si l'on est franc, ce n'est pas toujours aussi simple et idyllique, mais aimer, c'est aussi avancer à deux en étant plus soudés et évoluer avec une confiance renforcée. Être amoureux, être en couple c'est une sensation de bonheur intense. Ce sont des sentiments que l'on ne contrôle pas et qui font du bien. Encore une fois, ce n'est pas pour autant un long fleuve tranquille, il faut parfois passer par des périodes de remise en question, par des compromis ou bien par des souffrances. Mais c'est comme cela que le couple peut aussi s'ancrer, en vivant des épreuves, en partageant ensemble. Il faut prendre en compte l'autre, le considérer sans s'oublier ou accepter ce qui ne nous va pas, mais encore et toujours communiquer.

Cela ne veut pas dire que sans l'amour on ne peut pas être heureux, ni qu'il faut se précipiter pour le trouver, mais que, même s'il fait parfois peur, il est le moteur de beaucoup de bonheur. Alors si l'occasion se présente, il ne faut pas hésiter !

En amour aussi, c'est mieux d'éviter les regrets. La seule histoire d'amour sur laquelle je pourrais avoir des regrets, c'est parce qu'elle ne s'est pas présentée au bon moment de ma vie. Parce que, parfois, que ce soit en amour ou en amitié, on n'est pas prêt, on vient de vivre un évènement perturbant, on doit gérer bien d'autres choses, ou bien on n'est tout simplement pas en état. Il faut savoir pourtant écouter son cœur, ne pas passer à côté de belles relations et se lancer…

QUIZZ

AVEC QUELS SORCIERS SERAIS-TU AMI(E) ?

1 Tu dirais, qu'en société...

- ✦ ... tu es assez introverti(e), tu n'aimes pas tellement attirer l'attention.
- ⁄ ... tu aimes être sous les projecteurs et avoir les meilleures histoires à raconter.
- ... tu sais être discret(ète), mais aussi faire entendre ta voix, et tu aimes avoir le dernier mot.
- ... tu es timide avec les inconnus, mais tu te lâches avec tes proches.

2 Si tu avais le choix, quel défaut enlèverais-tu à tous les humains sur Terre ?

- La stupidité.
- La naïveté.
- ✦ L'agressivité.
- ⁄ La radinerie.

3 Si tu pouvais obtenir un seul pouvoir, quel serait-il ?

- Devenir invisible à ta guise.
- ⁄ Avoir la capacité de te téléporter.
- Lire dans les pensées de tes amis.
- ✦ Rendre joyeuse une personne malheureuse instantanément.

4 À ce jour, le plus important pour toi, c'est :

- ⁄ La construction de relations sérieuses.
- Ta réussite professionnelle.
- ✦ Tes loisirs et activités sportives ou culturelles.
- Tes études avant tout.

5 Tu préfères avoir des amis qui sont...

- ... cultivés et confiants.
- ... rusés et ambitieux.
- ✦ ... loyaux et sages.
- ⁄ ... courageux et aventureux.

6 Si tu pouvais te débarrasser d'une chose, laquelle serait-ce ?

- ✦ Ta timidité.
- ⁄ Ta jalousie.
- Ton anxiété.
- Ton manque de tact.

7 Si tu devais fabriquer une potion, laquelle choisirais-tu ?

- ♟ Une potion qui a la faculté de rendre riche quiconque la boit.
- ⁄ Un sérum qui obligerait à dire la vérité.
- ✦ Un liquide violet pour choisir l'apparence de ton choix.
- ▲ Une potion à base de baies rares qui permet d'avoir une mémoire infaillible.

8 Selon toi, une amitié peut-elle durer toute une vie ?

- ✦ Bien sûr !
- ♟ Impossible, je me lasse trop vite.
- ▲ Aucune idée, et ça m'importe peu.
- ⁄ Tant qu'il y a des rebondissements, c'est possible.

9 Dans *Harry Potter*, de quel personnage te sens-tu le plus proche ?

- ⁄ Le héros, *Harry Potter*.
- ♟ *Drago Malefoy*, quelle question !
- ▲ *Luna Lovegood*.
- ✦ Mon chouchou, c'est *Cédric Diggory*.

10 Quel cours à *Poudlard* te fais le plus envie ?

- ♟ Les potions, sans hésiter !
- ⁄ La métamorphose, sans conteste !
- ✦ La botanique !
- ▲ L'histoire de la magie, c'est si passionnant !

Reporte ici le nombre de : ⁄ 0 ♟ 1 ✦ 5 ▲ 4

Tu as une majorité de ⁄ :

Il y a de fortes chances que tu sois ami(e) avec des sorciers de la maison *Gryffondor* à *Poudlard*. Tu apprécies l'aventure, le risque et surtout les rebondissements. Hors de question de t'installer avec tes amis dans une routine, tu préfères essayer tout ce qu'il est possible (ou interdit !) de faire !

Tu as une majorité de ♟ :

Tu serais indéniablement ami(e) avec les sorciers de la maison *Serpentard*. Tu as de grandes ambitions et tu apprécies de tout mettre en œuvre pour réussir dans les domaines qui te plaisent. Tu es très indépendant(e) et direct(e), parfois blessant(e), mais derrière ta sincérité et ta carapace se cache une sensibilité.

Tu as une majorité de ✦ :

Tu traînerais sans aucun doute avec les élèves *Poufsouffle*. Ce que tu apprécies le plus, c'est la bulle que tu t'es créée, ton propre univers et tes passions. Tu es très loyal(e) et tu accordes une place très importante à ton entourage. Tu es passionné(e) et créatif(ve), mais parfois un peu trop idéaliste.

Tu as une majorité de ▲ :

J'espère que tu as préparé tes manuels, car tu serais ami(e) avec les élèves de la maison *Serdaigle* à *Poudlard*. Tu aimes étudier, acquérir de nouvelles connaissances et enrichir ton savoir. La compétition est quelque chose qui te motive, tu as besoin de dépasser tes limites et de prouver que tu es capable.

III

MA PASSION ET L'ÂME COLLECTIONNEUR

Je suis *Potterhead*, ce qui veut dire que je suis passionné par l'univers d'*Harry Potter*. Il me paraissait évident de raconter dans ce livre comment je suis tombé amoureux de cette saga, ce qu'elle a pu m'apporter et comment j'ai commencé à me passionner pour les objets de collection. Cela fait bientôt dix ans que je m'intéresse aux produits dérivés *Harry Potter* (que j'accumule un peu partout), et que j'ai pu visiter les studios pour la première fois en Angleterre. Des évènements marquants dans mon histoire avec la saga témoignent également de mon évolution personnelle avec celle-ci.

MA DÉCOUVERTE DE LA SAGA *HARRY POTTER*

On me demande souvent de raconter comment ma passion pour *Harry Potter* est née, ce moment où j'ai commencé à apprécier cette saga, puis à l'intégrer complètement dans ma vie. J'adore raconter cette histoire mais surtout entendre celle des autres, car on a tous une relation différente et une découverte unique des aventures de ces héros. Quand je suis né, en octobre 2000, la saga *Harry Potter* ne m'avait pas attendu pour commencer : les quatre premiers tomes étaient déjà sortis et le succès était au rendez-vous.

Je me souviens que mon premier contact avec *Hermione Granger*, *Harry Potter* et *Ron Weasley* remonte à l'âge de sept ans environ, en tout cas pas beaucoup plus vieux. Ma tante et ma grande sœur appréciaient énormément cet univers, et j'ai souvenir qu'elles s'échangeaient des livres en version étrangère, ce qui m'a permis d'être très facilement plongé dans l'ambiance *Harry Potter*. Ma sœur possédait et lisait les livres en versions française et anglaise (j'ai pu récupérer toutes ses éditions à mon plus grand bonheur, elle était d'accord, promis !) et j'ai ainsi commencé à découvrir les premières péripéties magiques. Pour être honnête, dans un premier temps, je me suis penché sur l'univers parce que ma grande sœur, mon modèle quand j'étais enfant, s'intéressait à ces romans — mais je dois avouer que cela aurait pu être n'importe quelle autre saga, je la suivais dans tout ce qu'elle faisait.

DRAMA PLEASE

III

Je me rappelle qu'au début on me lisait les livres, parce que je suppose qu'à sept ans je devais mettre une éternité à déchiffrer trois phrases et, vu la taille des bouquins, je n'en serais encore aujourd'hui qu'au troisième tome ! J'ai rapidement été émerveillé par la magie, mais sans accrocher plus que cela avec l'histoire, il faut dire que j'étais sûrement plus intéressé par les épisodes et les figurines *Code Lyoko* à l'époque.

Je ne crois pas, tout petit, avoir regardé les films qui étaient déjà sortis, du moins, cela ne m'a pas marqué. Je suis passé à autre chose avant de me découvrir une réelle passion pour *Harry Potter* à la fin de la primaire, à dix ans environ. Il faut avouer que je n'étais pas loin de l'âge du héros dans le premier volet, et j'allais bientôt entamer ma rentrée en sixième, même si j'aurais préféré aller à *Poudlard.* J'ai lu par moi-même l'intégralité des livres avant la fin de la classe de CM2 : tous les soirs, et dès que j'avais un moment, je voulais découvrir la suite de l'histoire et retrouver la chaleur qui se dégageait de la « *Grande Salle* » du château de *Poudlard.* J'ai également regardé les films en parallèle, les sept premiers, sur DVD. J'ai vu mon tout premier film *Harry Potter* au cinéma à presque onze ans. Il s'agissait du dernier volet : *Harry Potter et les Reliques de la Mort, partie 2.* J'attendais tellement impatiemment cette séance et j'étais surexcité à l'idée de découvrir les images de l'épisode final. Le cinéma était dans une petite ville, j'étais l'un des plus jeunes de la salle, et j'ai le souvenir qu'à la fin du film, beaucoup de spectateurs n'avaient absolument rien compris, probablement des *Moldus* qui n'y connaissaient rien à la magie !

Je ne me souviens plus exactement des sentiments qui me traversaient l'esprit quand j'ai lu les livres pour la première fois et découvert les films, mais je sais que je trouvais un certain réconfort et un refuge bienveillant dans cette saga. Je n'avais pas, à ce moment-là, de problèmes ni de mal-être, mais j'aimais être en compagnie de ces élèves et des différents sortilèges qui me faisaient rêver. Qui n'a jamais voulu accompagner *Harry* et marcher dans les couloirs ? Enfin, la vraie question est plutôt : qui attend toujours sa lettre pour *Poudlard* ? Personnellement, je ne perds pas espoir.

ILS TÉMOIGNENT

On découvre tous de manière variée *Harry Potter*. Certains accrochent dès les premières lignes des romans, d'autres dès les premières secondes des films, et d'autres découvrent l'univers bien plus tard. Voici quelques témoignages d'abonnés de ma communauté qui ont découvert très différemment cette saga.

LE VÉCU DE LISA

« J'ai découvert et commencé à aimer la saga *Harry Potter* en terminale lorsque mon professeur de philosophie a utilisé plusieurs citations des livres pour illustrer à la classe ses propos sur un sujet en particulier. J'avais forcément déjà entendu parler d'*Harry Potter* avant, mais je n'avais jamais cherché à lire les livres ni même regarder les films. »

LE VÉCU D'AMAURY

« Toute ma famille est inconditionnellement fan d'*Harry Potter* : mes parents, ma grand-mère, mes oncles et tantes et, forcément, tous mes frères et sœurs. J'ai très vite été baigné dans l'univers (j'étais habillé avec des vêtements pour bébés *Harry Potter*), et c'est un plaisir de pouvoir échanger sur ce sujet avec mes proches, de faire des soirées de jeux ou encore des marathons ensemble. »

LE VÉCU DE MYRIAM

« Quand j'étais plus jeune, je n'aimais pas spécialement cette saga. Il faut dire que j'avais du mal avec tout ce qui était populaire, et j'avais l'impression qu'elle était simplement appréciée parce que très connue. C'est au début de l'âge adulte que, suite à un incident important dans ma vie, j'ai eu besoin de m'évader dans un univers magique. *Harry Potter* et tout ce qui entoure cette saga m'a sauvée. »

ET TOI, COMMENT AS-TU DÉCOUVERT CETTE SAGA ?

En entrant au collège, ma passion pour *Harry Potter* n'a cessé de croître, elle est presque même devenue un peu obsessionnelle. Pendant mon année de sixième, je me suis doucement plongé dans les réseaux sociaux, et plus particulièrement dans les vidéos autour d'*Harry Potter*. Je suis d'abord tombé sur des vidéos en anglais, auxquelles je ne comprenais pas grand-chose, je l'avoue, puis sur des vidéos qui présentaient différents objets de collection issus de la saga. J'ai alors découvert les impressionnants objets magiques dérivés et, en 2013, ils étaient vraiment peu en comparaison avec aujourd'hui ! J'ai ensuite eu envie de lister ces objets qui apparaissaient dans les films, décrits dans les livres et qui avaient été reproduits à l'identique : des baguettes de sorciers aux objets culte comme la « *Carte du Maraudeur* »... Je me souviens avoir été presque envieux de ceux qui possédaient déjà une collection, tant je rêvais d'avoir à mon tour ces répliques chez moi et ainsi faire entrer cet univers dans ma chambre. Mais ces objets étaient — et sont toujours — très coûteux, et je n'avais pas la possibilité de les acquérir, alors je me contentais de les observer sur toutes les vidéos existantes et de lister par ordre ceux qui me plaisaient le plus.

LA RÉVÉLATION : LES STUDIOS *HARRY POTTER*

Peu de temps après, j'ai découvert l'existence, très récente à l'époque, des studios *Harry Potter*. J'ai cherché toutes les brochures possibles pour comprendre ce qu'étaient ces fameux studios et quand j'ai appris qu'il existait, à une heure environ de Londres, en Angleterre, des immenses salles et décors qui avaient servi aux tournages des différents opus, c'était devenu mon nouvel objectif : je rêvais de m'y rendre. Pour replacer mon euphorie dans son contexte, je ne pensais qu'à *Harry Potter*, je rêvais de collectionner des objets, de rencontrer les acteurs, je récitais les répliques des films, les pages des livres et j'apprenais alors qu'il existait un endroit dans lequel je pouvais, le temps d'une après-midi, faire partie du monde des sorciers d'*Harry Potter*...

III

Alors que je tannais mes parents en leur parlant de ces fameux lieux de tournage, ils m'ont fait la magnifique surprise de m'offrir pour mes douze ans des billets pour les studios *Harry Potter.* Quand j'ai ouvert l'enveloppe et que j'ai compris que j'allais pouvoir m'y rendre, j'étais le plus heureux et surtout le plus impatient ! J'ai longuement attendu les vacances d'hiver 2013, avec cette fameuse sensation que le temps passe trop lentement lorsque tu attends un bel évènement : ici, le départ de mon premier voyage à Londres.

Mars 2013 : première visite. C'est probablement un de mes souvenirs de ce lieu les plus marquants, même si je n'avais absolument aucune connaissance en anglais et je ne comprenais pas toutes les explications. L'ouverture était encore récente, il y avait bien moins d'extensions que le musée n'en comporte aujourd'hui, mais je voyais pour la première fois les décors dans lesquels s'étaient tenus les acteurs, je découvrais les baguettes qui avaient été utilisées ou encore les coulisses avec les nombreux fonds verts. À la fin de la visite, après avoir été émerveillé par la boutique de souvenirs, j'ai acheté mon premier objet de collection, la « *Baguette de Sureau* », la plus puissante du monde magique ! J'étais si fier de ramener un bout de magie chez moi et, quelques mois plus tard, je me lançais sur les réseaux sociaux en partageant cette visite.

SOUVENIRS DES STUDIOS EN MARS 2013 AVEC MES GRANDS-PARENTS.

Août 2018 : deuxième visite. C'est le premier voyage que je faisais sans ma famille, et avec une amie, grâce à un réseau social qui finançait notre séjour. C'était dingue de pouvoir vivre quelques jours dans Londres à l'aube de mes dix-huit ans, cette expérience m'a beaucoup appris. Voyager sans adulte, c'était un sentiment de liberté incroyable mélangé à une petite sensation stressante de devoir se débrouiller en cas de problème. Mon amie n'a évidemment pas pu échapper à la visite des studios *Harry Potter*, je m'étais même habillé aux couleurs de « ma » maison *Serpentard* pour l'occasion. J'ai alors ressenti de nouveau ces sentiments à la fois d'apaisement, d'excitation et de joie en arrivant sur place et j'ai pu découvrir, en plus des scènes que je connaissais déjà, de nouveaux décors liés à la sortie des *Animaux fantastiques*, ou encore les extensions de la « *Forêt interdite* », le « *Quai 9 ¾* » et les extérieurs que l'on pouvait désormais visiter entièrement. J'avais, à ce moment-là, déjà des centaines d'objets *Harry Potter* que je collectionnais, autant dire que ma première carte bancaire n'a pas résisté longtemps au milieu du magasin rempli de goodies de la saga. Mon seul petit regret, qui va se retrouver sur les visites suivantes également, c'est d'avoir beaucoup plus pensé à filmer ces instants et à les capturer plutôt que de pleinement en profiter.

Avril 2019 : troisième visite. Moins d'un an après, j'étais reparti pour Londres, cette ville que j'aime tant, avec une autre amie vidéaste pour vivre une semaine autour d'*Harry Potter*. Nous avons visité tous les recoins de la ville qui avaient un lien avec la saga, beaucoup ri et créé un maximum de contenus divertissants que j'ai — en partie — partagés sur ma chaîne YouTube et les réseaux sociaux. C'étaient de très bons moments. Pour cette troisième visite aux studios *Harry Potter*, je découvrais une nouvelle extension : l'impressionnante « *Banque des Sorciers Gringotts* » ! Même si je connaissais presque par cœur les lieux, j'avais toujours beaucoup de plaisir à repérer de nouveaux détails, à m'attarder dans certains endroits et à simplement m'extasier d'être dans cette ambiance magique avec les musiques des films qui résonnent encore dans ma tête.

Novembre 2019 : quatrième visite. Si, à douze ans, on m'avait dit que huit ans plus tard je serais de retour aux studios *Harry Potter*, invité par les équipes de la Warner lors d'un voyage presse, je n'y aurais sûrement pas cru. C'est pourtant bel et bien ce qu'il s'est passé, et j'ai eu la chance de voyager une nouvelle fois au pays d'*Harry Potter* avec quelqu'un qui compte beaucoup pour moi. Cette fois-ci pas de changement majeur, pas de nouvelle salle ou extension, mais j'ai pu participer à des activités originales sur place comme goûter à la « *Bièraubeurre* », monter sur un balai volant ou encore voir le « *4, Privet Drive* » sous de la neige artificielle. Cette expérience était géniale car, tout le long du voyage, nous étions en immersion, en dormant notamment dans un hôtel aux allures de manoir. De plus, le fait d'être invité nous a permis d'avoir une guide à disposition qui nous a dévoilé de nombreuses anecdotes et secrets de tournage.

Je pense que c'est déjà assez flagrant à ma manière d'en parler, mais j'ai une relation particulière avec ce musée *Harry Potter.* Il symbolise pour moi des moments très heureux, des rêves de fan réalisés, mais également le démarrage de mon aventure sur Internet sans laquelle je n'aurais jamais rencontré certains de mes amis, vécu tant d'expériences ni écrit ce livre.

MES CONSEILS SI TU VISITES LES STUDIOS *HARRY POTTER* :

- Profite vraiment avec tes yeux. C'est peut-être bête à dire, et je suis le premier à tout photographier pour conserver des souvenirs et me replonger dedans, mais vivre l'expérience à travers l'objectif d'un appareil photo est bien moins enrichissant et magique !
- N'hésite pas à t'y rendre par tes propres moyens plutôt que par les compagnies de bus qui vont restreindre ton temps sur place, et parfois te presser alors que tu voudrais t'attarder plus longtemps dans une salle.
- Tu as la possibilité de prendre des audioguides dans la langue de ton choix à l'entrée. Si tu ne parles pas très bien anglais, cela te permettra de ne rater aucune anecdote.
- N'hésite pas à interroger les guides sur place, ils ont beaucoup d'informations croustillantes et souvent méconnues à partager.
- Prends le temps d'observer les détails, il y en a beaucoup, et ils sont parfois impressionnants.
- Prépare-toi à la salle finale, émotions garanties !
- Enfin, si comme moi tu es un peu accro aux objets de collection, tu peux déjà faire tes repérages sur la boutique en ligne des studios qui propose tous les produits en vente sur place.

ANECDOTE

J'ai longtemps voulu aller travailler aux studios *Harry Potter*. C'était pour moi le meilleur moyen d'être en permanence plongé dans la saga. Pour info, un guide m'a un jour confié que pour être employé, il y avait des tests de langues, mais également d'autres sur l'univers *Harry Potter* où il faut être incollable !

ASSUMER SA PASSION

Pour beaucoup, l'univers d'*Harry Potter* est associé à quelque chose d'enfantin et dont on ne peut être fan qu'en étant adolescent. Mais c'est faux, cette histoire traverse les générations et ne s'arrête en aucun cas à un âge. Quand on voit tous ceux qui ont grandi avec la saga et à quel point elle peut continuer de vivre auprès des adultes, il serait réducteur de ne la résumer qu'à l'enfance. C'est une saga très riche qui peut résonner en chacun de nous différemment selon notre maturité au moment de la lecture ou encore des épreuves que l'on a traversées. Elle aborde des sujets philosophiques aussi bien que des réflexions sur les comportements humains. Malheureusement, il est encore parfois difficile de faire comprendre que c'est une saga qui réunit tout le monde : peu importe les critères sociaux, les origines, le genre ou l'orientation sexuelle, on peut aimer cet univers qui prône la tolérance et qui permet de s'évader. J'ai personnellement trouvé le moyen de partager ma passion pour *Harry Potter* avec des personnes aussi fans que moi et c'est un des sentiments des plus gratifiants.

Le plus beau dans tout cela, c'est que nous sommes nombreux à partager une passion en commun, alors que nous n'avions pas forcément tous des amis réceptifs à cet amour de la magie. On a parfois subi des moqueries, du harcèlement, du cyber-harcèlement, ou d'autres épreuves de la vie, et *Harry Potter* nous en a sauvé et nous a permis de nous sentir à notre place et non jugés.

ANECDOTE

Une femme britannique qui partait à la retraite a fait reproduire par un pâtissier, pour l'occasion, le fameux gâteau au glaçage vert et rose qu'*Hagrid* apporte à *Harry* pour son anniversaire dans *Harry Potter à l'École des Sorciers*. Ce qui nous prouve une nouvelle fois qu'il n'y a pas d'âge pour aimer *Harry Potter* ! Cette femme a toujours été une grande fan de la saga depuis la sortie du premier livre.

L'ESPRIT COLLECTIONNEUR

Je compte aujourd'hui dans ma collection plus de mille objets *Harry Potter*. Parmi eux, plus de cent livres et carnets, une cinquantaine de répliques de baguettes magiques, des dizaines de figurines des personnages, des centaines de vêtements en tout genre — des chaussettes aux bonnets en passant par les t-shirts —, des objets de collection liés aux maisons de *Poudlard*, des jeux de société, des affiches, des coussins, des DVD, Blu-Ray et vinyles... ainsi que de très nombreux mugs. On peut clairement dire que c'est exagéré et impressionnant en seulement huit ans de collection !

J'ai commencé ma collection avec cette fameuse baguette provenant des studios *Harry Potter*, puis je me souviens qu'on s'envoyait des objets que l'on avait fabriqués nous-même avec les amis que j'avais rencontrés sur Internet. Petit à petit, j'ai commencé à gagner un peu d'argent et à pouvoir m'acheter les objets qui me faisaient plaisir. Je construisais des étagères, des décors et je reproduisais les ambiances qui me fascinaient le plus.

J'ai toujours aimé fouiller pour trouver des objets devenus rares ou bien dénicher des répliques au meilleur prix. Je vois bien, en grandissant, que je suis matérialiste, il suffit que je regarde les trois étagères remplies d'objets *Harry Potter* pleines à craquer à côté de moi quand j'écris ces mots pour m'en rendre compte. J'éprouve une certaine satisfaction à collectionner ces objets, à recréer des ambiances et à disposer chaque élément à sa place. En habitant seul, j'ai eu envie de décorer mon appartement avec des touches *Harry Potter* et d'autres goûts « plus modernes » que j'apprécie. J'ai réussi à faire un cocon dans lequel je me sens bien, surtout dans mon coin salon avec un canapé rempli de coussins *Harry Potter*, et entouré d'autres objets que j'apprécie particulièrement comme les armoiries des maisons de *Poudlard*, ou encore les baguettes des différents personnages et de grandes étagères avec tous mes livres autour de l'univers.

« Tu n'as pas peur de t'en lasser ? Que ta passion s'estompe ? Tu feras quoi de ces objets ? » On adore me poser ces questions auxquelles je n'ai pas vraiment de réponse. Pourquoi je devrais m'interroger sur la fin de quelque chose que j'aime ? J'aurai bien assez le temps de me poser des questions si un jour cela arrive. J'ai choisi de mettre de l'argent dans ma collection parce que je le pouvais, que j'en avais envie, et que ça me faisait du bien. Je crois que le reste importe peu et ne concerne personne d'autre que moi (sauf peut-être ma banquière).

Certains témoignages d'abonnés m'ont fait mal au cœur. Ils ont parfois exprimé qu'ils ne se sentaient pas de « bons fans » d'*Harry Potter* parce qu'ils n'avaient pas de collection. Je déteste cette vision, déjà je n'aime pas le fait de classer les « bons » ou les « moins bons » fans, chacun doit pouvoir aimer et partager sa passion sans se poser de questions. Mais au-delà de ça, le message important, c'est que ce n'est pas la collection qui détermine le passionné, ce n'est pas elle qui légitime plus ou moins quelqu'un à aimer cette saga. Ce sont des principes logiques que j'évoque, mais qui font pourtant souffrir ceux qui ne peuvent pas se permettre d'acheter des objets. La collection, c'est sympathique, c'est sûr, ça peut faire envie, je le comprends, mais ce ne sont que des éléments matériels qui sont bien moins importants que les émotions ou le partage.

BON À SAVOIR

Il existe sur Internet énormément de tutoriels et forums ludiques pour fabriquer soi-même des objets *Harry Potter* à très faible coût. C'est une superbe idée pour se constituer une collection sans se ruiner, tout en passant un bon moment lors de la création. Il faut quand même de la patience et être parfois assez agile de ses mains, autant dire que toutes les créations que j'ai essayées se sont soldées par des échecs !

LES OBJETS DE COLLECTION *HARRY POTTER* PRÉFÉRÉS

LES MIENS :

LE « *DÉLUMINATEUR DE DUMBLEDORE* » : C'EST UN OBJET DE COLLECTION TRÈS RÉALISTE ET AVEC BEAUCOUP DE DÉTAILS. DANS LA SAGA, IL EST AUSSI APPELÉ « *ÉTEIGNOIR* » ET IL PERMET D'ABSORBER LA LUMIÈRE D'UNE LAMPE, D'UN LAMPADAIRE… DE LA CONSERVER, PUIS DE LA LIBÉRER.
LA RÉPLIQUE S'ALLUME ET S'ÉTEINT AVEC UN CLIQUETIS. AU-DELÀ DE SA SYMBOLIQUE, IL M'A ÉTÉ OFFERT PAR QUELQU'UN QUE J'AIME BEAUCOUP.

LE « JOURNAL DE TOM JEDUSOR » : AVEC SON ASPECT CUIR, SES PAGES LÉGÈREMENT JAUNIES ET SES COINS EN DORURE, C'EST UN OBJET SPLENDIDE ET TRÈS *SERPENTARD*. IL ME RAPPELLE DE SUPER SOUVENIRS ET C'EST AUSSI UN CADEAU À FORTE VALEUR SENTIMENTALE.

TOUTE MA COLLECTION DE LIVRES : J'AI ÉNORMÉMENT DE LIVRES *HARRY POTTER*. LES ROMANS MAIS AUSSI DES OUVRAGES SUR LES COULISSES DE TOURNAGE OU ENCORE DES SCRIPTS. ILS SONT DE TOUTES LES COULEURS, DE TOUTES LES ÉDITIONS, DE TOUS LES FORMATS, ET ILS DÉCORENT FIÈREMENT MA BIBLIOTHÈQUE.

LES TIENS :

III

INTERROGATIONS SUR LA CONSOMMATION ET L'AVENIR

À vingt ans, et avec pas loin de dix années de collection, j'ai une autre vision depuis quelque temps sur les répliques et objets que j'accumule. Tout d'abord, je me suis mis à beaucoup moins acheter de produits *Harry Potter*. Dans un premier temps, parce que je me suis davantage intéressé à la gestion de mon argent, et ne vivant plus chez mes parents, j'avais certaines responsabilités qui passaient avant l'achat de baguettes magiques. Au-delà de ça, et grâce à mon métier, j'ai la chance de recevoir de très nombreux produits et nouveautés liés à l'univers magique dans le cadre de collaborations. C'est une très belle opportunité que j'ai et, on ne va pas se mentir, c'est très agréable qu'une marque chez qui j'étais client se mette à envoyer ses produits ou à travailler avec moi. Je me suis senti privilégié mais aussi un peu coupable à recevoir autant de produits, même s'il est clair qu'ils ont un but commercial pour les enseignes qui les envoient.

Je me suis un peu habitué à cette surconsommation et à ces colis que je reçois tous les jours, j'ai perdu l'envie de m'acheter moi-même des produits en étant systématiquement amené à en recevoir. Attention, je ne me plains pas du tout de ma situation, bien au contraire, je suis conscient de mes privilèges, mais la réalité c'est que je commande très peu d'articles et, quand c'est le cas, je retrouve un plaisir inouï que j'avais complètement perdu. J'ai appris à refuser toutes sortes d'objets que je n'aimais pas, ou bien à les mettre de côté pour les offrir.

En étant plongé dans tous ces objets de collection, j'ai par contre eu l'envie de réaliser un autre rêve : lancer mes propres box contenant plusieurs objets *Harry Potter* à l'intérieur. C'est une expérience qui m'a permis de découvrir tout l'envers du décor de la fabrication de ces produits, de l'univers juridique ou encore du marketing, mais c'est un aspect que l'on abordera davantage dans le chapitre « Se donner les moyens », page 139, pour le côté entrepreneuriat.

Aujourd'hui, j'adore toujours ma collection et je ne regrette pas d'avoir accumulé autant d'objets, car il y en a beaucoup qui ont une symbolique forte ou un lien avec un proche. Je consomme toujours, je reçois beaucoup et j'achète parfois, mais désormais surtout des objets pratiques ou de décoration. Évidemment que je me suis interrogé sur mon impact écologique lié à cette forte consommation de produits dérivés. Tous ces emballages et ces achats qui ne sont pas nécessaires, ça fait réfléchir, c'est la raison pour laquelle, sans me priver, je me questionne bien plus avant d'accepter de recevoir des articles *Harry Potter* ou bien de m'en commander, et c'est déjà un premier pas.

QUIZZ

QUEL(LE) COLLECTIONNEUR(EUSE) ES-TU ?

1 Si tu devais faire la collection d'un des objets ci-dessous, lequel choisirais-tu ?

- Les pierres précieuses.
- Les livres.
- Les photographies.
- Les figurines d'un univers imaginaire que tu aimes.

2 Si tu avais une collection d'objets, comment te comporterais-tu ?

- Tu ne supportes pas d'accumuler des objets, ta collection changerait sans cesse.
- Ce serait un peu le désordre, et ne parlons même pas de la poussière.
- Tu en prendrais grand soin, et toi seul y toucherait.
- Ils seraient tous scrupuleusement ordonnés par couleur ou logique.

3 Si tu gagnais une grosse somme d'argent soudainement, qu'en ferais-tu ?

- Tu mettrais directement tout de côté.
- Tu en utiliserais une partie pour dénicher des objets rares.
- Tu dépenserais tout en dévalisant les magasins qui t'intéressent.
- Tu ferais le tour du monde.

4 Quelle place accepterais-tu que ta collection prenne chez toi ?

- Toute la maison, sans souci.
- Quelques mètres carrés tout au plus, et bien rangés.
- Peu importe, tant que c'est assez subtil.
- Une pièce entière !

5 Quelle collection es-tu certain de ne jamais commencer ?

- Les dernières capes à la mode, aucune utilité.
- Les objets farfelus de *Luna Lovegood*, ça manque d'harmonie.
- Les balais, c'est trop encombrant.
- Les jeux d'échec version sorcier, c'est trop prise de tête.

6 Pour ton anniversaire, lorsqu'on te demande ce qui te ferait plaisir…

- … tu donnes toujours quelques idées, mais tu aimes les surprises.
- … tant que ce n'est pas encombrant, ça te va.
- … tu ne demandes rien en particulier.
- … tu sais toujours quoi demander pour compléter ta collection !

7 Si un objet en particulier t'intéresse...

- ✦ ... tu te fais une raison, ça va sûrement vite te passer.
- ▲ ... si tu peux, tu n'hésites pas : tu achètes.
- / ... tu regardes en priorité sur des sites de seconde main.
- ● ... tu passes plusieurs heures pour dénicher le meilleur prix.

8 Collectionner pour toi, c'est...

- ▲ ... essentiel, tu adores ça.
- ● ... un passe-temps très agréable.
- / ... inutile, et un bien trop gros investissement financier.
- ✦ ... très divertissant, mais tu finis souvent par te lasser.

9 Quel serait le premier critère que tu regarderais avant d'acheter un objet de collection ?

- ✦ Sa taille.
- / Son prix.
- ▲ Son histoire.
- ● La valeur qu'il va prendre.

10 Combien d'objets serais-tu prêt à acheter par mois si tu avais un budget illimité ?

- / Un, si tu trouves le bon.
- ● Pas plus de cinq, pour bien les choisir et ne pas t'en lasser.
- ✦ Aucun, tu utiliserais l'argent pour autre chose.
- ▲ Tous ceux qui croiseront ta route, et que tu auras cherché !

Reporte ici le nombre de : / 3 ● 4 ✦ 1 ▲ 2

Tu as une majorité de / :

Tu aimes collectionner... mais dans une moindre mesure. Tu n'aurais pas de mal à collectionner des livres ou bien des objets que tu considères comme utiles, mais hors de question de dépenser de l'argent dans des objets futiles qui ne t'apportent rien. Tu peux trouver une petite place chez toi pour ta collection que tu essayes de constituer en chinant et dénichant des produits qui ont déjà vécu. Tu n'es pas plus que ça attaché(e) au côté matériel.

Tu as une majorité de ● :

Tu es un(e) collectionneur(euse) raisonné(e). Tu apprécies de prendre soin de ta collection, la ranger, la disposer et optimiser tes objets pour que ce soit à la fois joli et pratique. Tu peux passer plusieurs heures à chercher un produit qui te plaît. De manière générale, tu fais attention à ne pas trop dépenser et tu te fixes des limites à ne pas dépasser, tout en t'autorisant des plaisirs régulièrement pour ce passe-temps agréable.

Tu as une majorité de ✦ :

Tu n'es pas vraiment branché(e) collection. Tu préfères les souvenirs et les voyages aux objets qui s'accumulent et qui prennent la poussière. Si tu as une collection, elle n'est exposée que par petites touches et avec subtilité, comme quelques photos, par exemple. Tu ne veux pas occuper trop d'espace et tu te lasses assez vite, donc tu ne préfères pas commencer une collection. On ne retrouvera probablement pas chez toi une décoration chargée d'assiettes de chats comme l'aurait choisi *Dolores Ombrage*.

Tu as une majorité de ▲ :

Tu es un(e) grand(e) collectionneur(euse). Que ce soit des figurines, des cartes, ou d'autres objets en tout genre, tu aimes recréer un univers dans lequel tu te sens bien. Peu importe s'il y a un peu de désordre, il s'explique aussi en partie car il y a très régulièrement de nouveaux objets. Tu fais parfois des achats impulsifs et pas toujours très raisonnés lorsqu'il s'agit de te faire plaisir et d'agrandir ta collection.

IV

VIVRE AVEC LES RÉSEAUX SOCIAUX

En quelques années, les réseaux sociaux sont devenus un phénomène de société auquel il est difficile d'échapper. J'appartiens à une génération ultraconnectée qui se nourrit du numérique et qui façonne une partie du monde d'aujourd'hui grâce à ces puissants médias en ligne. Comme beaucoup de jeunes, je suis accro à mon téléphone ou à mon ordinateur : il me paraît inenvisageable de vivre sans car, même si, paradoxalement, ils peuvent beaucoup isoler, ils me connectent intensément au monde. Je retrouve dans les réseaux sociaux, et dans mon métier qui consiste en partie à créer du contenu sur ces plateformes, un partage unique et un lien très fort sans limites géographiques.

LA GÉNÉRATION DES RÉSEAUX SOCIAUX

C'est une certitude, les réseaux sociaux font aujourd'hui partie intégrante du quotidien de tous les jeunes, mais ils ont également une place conséquente dans celui du monde adulte. Pour le travail, pour se divertir ou pour rester en contact, ils sont devenus indispensables et il serait presque impensable de vivre sans, tant on a pu s'y habituer.

Les sorciers n'ont pas besoin de ce qui pourrait s'apparenter à une superficialité numérique, à laquelle je suis évidemment le premier accro, entendons-nous bien, mais qui nous empêche peut-être parfois de profiter de la simplicité de la vie. Pourquoi utiliser un dictionnaire si les mêmes définitions existent sur Internet ? Pourquoi se compliquer la vie, si elle est plus facile autrement ? On me rétorquera que les jeunes sont flemmards et ne prennent pas le temps, mais je crois qu'ils se sont surtout accoutumés à un monde qui va toujours plus vite.

J'entends beaucoup de personnes qui disent que les jeunes sont trop connectés, que le téléphone est mis dans nos mains trop tôt, et qu'il est désormais greffé à nous ou l'extension directe de nos bras. C'est une réalité que je ne peux pas nier, et je regrette de devoir avouer à quel point je serais perdu sans mon téléphone. Mais notre nouvelle-génération est bien trop critiquée à mon goût. Nous appartenons,

ET LES NOUVELLES TECHNOLOGIES DANS *HARRY POTTER* ?

Il me semble que la plus grande différence entre le monde d'*Harry Potter* et le nôtre, mis à part la magie, c'est la technologie. *Harry Potter*, en découvrant le monde de la magie, réalise que les sorciers ne connaissent pas tous ces gadgets *moldus*. Notre héros est confronté à une autre forme de technologie, une version magique : il surprend, par exemple, des photographies en mouvement avec les cartes de *Chocogrenouille* ou encore des tableaux qui bougent et se déplacent des uns aux autres dès *Harry Potter à l'École des Sorciers* de J. K. Rowling. Il n'y a pas de téléphones, d'ordinateurs ni d'appareils du quotidien électriques dans la saga, et certains de ces appareils *moldus* comme les radios se retrouvent même à ne pas fonctionner en présence de magie. On voit tout de même quelques touches de technologie dans *Harry Potter*, avec l'appareil photo à flash du personnage *Colin Crivey*, par exemple, qui n'est pas perturbé par les potentiels champs électromagnétiques de la magie (il faut dire qu'il ne fonctionne pas comme ceux d'aujourd'hui). *Arthur Weasley*, le père du meilleur ami d'*Harry*, est lui d'ailleurs très friand d'objets *moldus* et curieux des secrets de la technologie du monde des *Moldus*. La magie n'est pas forcément compatible avec la technologie, et on se rend compte qu'en vivant sans cette dernière, les habitants du monde magique ne sont pas plus malheureux. On n'a sûrement pas besoin de ces technologies quand on est capable d'utiliser n'importe quel sortilège, mais c'est très intéressant de remarquer à quel point cette absence des technologies dernier cri n'altère pas l'histoire malgré nos vies hyperconnectées.

je crois, à des mouvements qui permettent de faire bouger les choses, qui tentent de faire évoluer les mentalités et qui permettent à chacun de trouver au mieux sa place. Il émane une ouverture d'esprit et une vision poussée de l'acceptation de l'autre qui offrent la possibilité à chacun de proclamer sa singularité. Nous sommes des créateurs, des innovateurs, et nous portons des idées et de beaux projets, qui sont, c'est vrai, en grande partie développés grâce aux nouvelles technologies, mais parce que c'est ce que nous avons toujours connu.

Alors, même si nous avons peut-être été conditionnés dans ce monde des écrans, habitués aux Smartphones et ordinateurs, je ne le regrette pas et je suis même fier de la génération à laquelle j'appartiens et de toutes les libertés qu'elle (se) permet.

LA RICHESSE D'INTERNET

Si les réseaux sociaux ont des vices et un côté addictif qui peut être inquiétant, ils ne sont pas pour autant que superficialité et dangerosité. Internet est aujourd'hui une mine d'or d'informations, qu'il faut certes souvent vérifier, mais surtout accessible à tous. C'est aussi un moyen de communication extraordinairement rapide, intercontinental, et qui permet de sensibiliser le plus grand nombre à des causes politiques et sociales qui seraient restées dans l'ombre sans ce média… Les réseaux sociaux m'ont donné l'occasion de bâtir un chemin de vie complètement atypique et, sans eux, je n'aurais jamais eu la chance de saisir autant d'opportunités : vivre de ma passion, avoir créé un commerce en ligne et une ligne de vêtements, écrire un livre et, surtout, avoir mis sur mon chemin de fabuleuses rencontres.

Internet c'est aussi une source d'informations et de contenus autour d'*Harry Potter* : des encyclopédies de l'univers magique aux contenus plus ludiques, en passant par des jeux de rôles et des organisations d'évènements. Les réseaux sociaux ont permis la rencontre de personnes attirées et passionnées par les mêmes centres d'intérêts et ont pu faire en sorte de nouer de solides liens que j'aborde dans le chapitre 2 « Construire des relations solides » (voir page 41). Tout comme il peut exister des comptes Instagram dédiés à la lecture, il en existe d'autres autour d'*Harry Potter* qui partagent des informations sur la saga, des secrets de tournage, des actualités ou encore des photographies d'objets de collection mis en scène. La communauté *Potterhead* est très présente sur les réseaux sociaux et crée de fortes interactions via des marathons de lecture ou bien autour des films et des jeux.

LES PRISES DE CONSCIENCE : ENTRE ADDICTION ET NÉCESSITÉ

Après avoir vécu une période très compliquée de cyberharcèlement, que je développe dans le chapitre suivant, j'avais gardé certains réflexes, comme une angoisse intense à chaque notification que je recevais sur mon téléphone. J'avais ce besoin constant de vérifier s'il ne s'agissait pas de quelque chose de nocif ou de blessant. Un jour, et alors que l'idée était toute simple et surtout sous mes yeux, j'ai simplement décidé d'enlever toutes les notifications liées aux réseaux sociaux de mon téléphone, puis, plus tard et plus difficilement, de tous les e-mails que je recevais. Parce qu'au final, que je tombe dessus à la seconde où je la reçois ou bien une heure après, il y a très peu de chance que je passe à côté d'une information urgente. D'ailleurs, cela fait un an que j'ai pris cette décision, et je n'ai jamais rien manqué. S'il y a une urgence qui nécessite que je sois au courant dans la seconde, on peut toujours m'appeler. J'ai évidemment gardé les notifications liées aux messageries instantanées sur lesquelles je parle à mes proches et tous les appels entrants, mais pour tout le reste je ne le vois que quand je décide de le regarder.

J'ai vraiment constaté une différence et un gain de productivité car, dès que je recevais une notification, j'allais directement voir de quoi il s'agissait, ce qui avait le don de toujours me couper dans mes activités. C'est un acte assez anodin, mais quand on sait que les réseaux basent leurs algorithmes sur le temps passé sur chacun d'eux et qu'ils tentent par tous les moyens via les notifications de te faire revenir sur leur application si tu l'as quittée, tu as l'impression de retrouver un peu de contrôle sans être tenté par ces sollicitations. Cette idée m'a permis de me détacher (au moins un peu) des réseaux sociaux, même si le constat reste assez impressionnant, en ayant regardé les statistiques sur mon téléphone et ordinateur.

- Moyenne de huit heures par jour sur le téléphone ;
- moyenne de sept heures par jour sur l'ordinateur ;
- moyenne de deux heures par jour sur Instagram.

Pour visualiser davantage, je me réveille généralement aux alentours de 9 h et m'endors vers 1 h du matin. Je passe ainsi environ seize heures éveillé dans une journée, et facilement une dizaine uniquement sur des écrans (et souvent sur plusieurs en simultané) ! Et, même si sur ces huit heures quotidiennes passées au téléphone certaines sont consacrées au traitement de mes mails ou à de la création de contenu sur mes comptes, qu'est-ce que je peux bien faire de ces nombreuses heures restantes sur les réseaux sociaux ?

L'intégralité de ma journée s'organise autour des réseaux sociaux et de tous les outils technologiques que j'aime tant et que je connais par cœur. Comme je le disais, il m'arrive très souvent d'être à la fois sur l'ordinateur et sur mon téléphone en même temps, c'est une hyperconnexion complètement ancrée dans ma routine qui ne me surprend pas du tout.

Évidemment, aujourd'hui les réseaux sociaux font partie de mon métier, je poste des publications, je partage mon quotidien… je les utilise constamment ! Mais en réalité, je consomme beaucoup au cours de la journée sans même m'en rendre compte. D'après les statistiques fournies par mon téléphone lui-même, une des applications sur laquelle je me précipite le plus est Instagram. Il y a probablement des moments où c'est pour partager instantanément du contenu, mais sûrement aussi beaucoup par réflexe pour aller regarder ce que les autres partagent et montrent.

J'ai analysé et réalisé qu'au final, sauf si j'ai besoin de publier quelque chose, je suis moins présent de la journée sur les réseaux sociaux quand je travaille, mais en revanche systématiquement au réveil, quand je prends une pause le midi et principalement le soir. Bien que le temps d'écran sur mon ordinateur soit complètement expliqué par mon travail, à partir du moment où celui-ci est terminé et jusqu'au couché parfois tardif, je me retrouve des heures à flâner sur les réseaux sociaux.

Lors d'un défi ludique de lecture, je me suis rendu compte du plaisir simple et merveilleux — que j'avais entièrement perdu — à consacrer une après-midi entière à lire des livres que j'appréciais. Ça paraît très bête, mais j'avais jusque-là la sensation de ne pas être productif en ne faisant « que prendre un bouquin et lire », comme si scroller sur Instagram et TikTok me rendait davantage productif. Le pire je crois, c'est qu'on perd la notion du temps et qu'on ne se rend même plus compte de la durée qu'on y passe. Cette addiction aux écrans, j'en suis parfaitement conscient. Je fais un métier qui nécessite d'être constamment connecté et au-delà de ça, ma casquette de chef d'entreprise m'impose de travailler sans limite. Mais il y a toujours des alternatives, et surtout des mauvaises habitudes que je voudrais perdre pour ne me concentrer plus que sur l'essentiel et profiter de nouveau d'autres loisirs qui me paraissaient si lointains. À toujours sortir l'excuse professionnelle, je me demande quelle serait mon utilisation et à quel point je serais présent sur les réseaux sociaux sans mon activité. Est-ce que j'aurais quand même à cœur de partager à mes proches ce que je fais ? Est-ce que je prendrais le temps de faire de jolies photos pour les partager ? Ou est-ce que je n'en aurais rien à faire et je ne ferais que regarder ?

MES CONSEILS POUR LIMITER SON UTILISATION DES RÉSEAUX SOCIAUX :

- **Désactiver toutes les notifications** qui te poussent à rester toujours plus longtemps connecté(e).
- **S'imposer des durées dédiées à flâner sur Instagram,** par exemple : je sais que j'avais essayé de mettre une limite de temps, que je repoussais à chaque fois au final, mais en donnant une certaine contrainte horaire et en limitant mon utilisation à une plage horaire spécifique, j'ai réussi à restreindre mon utilisation.
- **Sélectionner le contenu qui t'intéresse,** t'apporte du divertissement, des informations, ou quelque chose qui te fait du bien. Pour à la fois consommer sainement et passer moins de temps à regarder ce qui ne t'intéresse pas.
- **Essayer de toujours faire passer une sortie entre amis,** un moment de partage, avant quelques heures de plus sur les réseaux sociaux.

L'ENFERMEMENT, LA SANTÉ MENTALE ET L'IMPACT DU REGARD DES AUTRES

On entend de plus en plus parler de la santé mentale ; de l'importance de se sentir bien dans son corps mais aussi psychiquement. Je considère personnellement tout autant la santé mentale que la santé physique, peut-être parce qu'elles sont étroitement liées ou simplement parce qu'elles ont chacune leur rôle à jouer dans le bien-être. Les réseaux sociaux ont développé un certain culte de l'apparence, de la comparaison, des critères de beauté physique et peuvent être une machine à complexes.

J'ai mis longtemps à me rendre compte que les réseaux sociaux pouvaient me faire beaucoup souffrir, mettre à mal mon état mental et parfois ma confiance en moi. C'est assez paradoxal car on s'imagine que quelqu'un qui s'expose sur les réseaux sociaux a forcément confiance en lui mais, en réalité, il existe une grande différence entre le fait d'être à l'aise devant une caméra et celui d'exposer à tout le monde sa vie, son quotidien et parfois ses fêlures. Bien que j'aie toujours complètement décidé de ce que je postais sur les réseaux sociaux, au-delà de mon éducation et de mes proches, ma construction s'est faite avec le jugement des autres et leur regard sur ce que je montrais et qui j'étais sur Internet.

Partager sa passion ou bien sa vie sur les réseaux sociaux est parfois perçu comme une activité futile, voire narcissique pour certains, ou encore idéale pour d'autres. Futile, car beaucoup ne comprennent pas l'intérêt de suivre et vivre le quotidien d'autres personnes. Idéale pour ceux qui estiment que c'est d'une facilité inouïe et sans répercussions sur la vie de la personne qui partage. En réalité, c'est un merveilleux métier qui permet une bonne dose de créativité, qui offre de belles opportunités et la possibilité d'être son propre patron, mais n'oublions pas qu'il faut aussi une certaine force mentale pour faire face à la violence d'Internet.

BOSE

Cette surexposition peut renvoyer une image de superficialité, voire de narcissisme pour certains. « Il faut vraiment s'adorer pour se prendre en photo sous tous les angles et partager ça à des milliers de personnes. » Je ne suis pas vraiment d'accord quand j'entends cela et, pour avoir échangé à ce sujet avec d'autres amis qui s'exposent aussi sur Internet, aucun n'est amoureux de son physique ou des photos qu'il partage. C'est en réalité assez perturbant lorsque ton métier est basé sur ton image : est-ce que c'est le contenu que je crée qui plaît ? Est-ce que c'est la pose que j'avais sur cette photo ? Est-ce que je fais de moins bonnes statistiques parce que je plais moins ? Parce que je suis moins beau ? Moins dans les critères de beauté ? S'exposer sur les réseaux sociaux c'est se livrer au regard des autres et aux critiques subjectives sur le physique. Au début, j'ai eu du mal à me voir en vidéo, à supporter ma voix, et je scrutais chaque détail que l'on pourrait me reprocher. Sur Internet, les critiques fusent sur le physique, et je suis loin d'être le plus touché quand j'entends des témoignages d'amies et de femmes qui en sont victimes d'une manière encore plus virulente. Ce n'est évidemment pas une obligation de se mettre soi-même en avant sur les réseaux sociaux, mais cela permet de créer un lien et une proximité car on se dévoile davantage. Je constate, qu'au fil du temps, je me suis détaché de l'envie de renvoyer cette image « parfaite » pour simplement être moi, en toute confiance.

Je ne regretterai jamais le choix que j'ai fait de vivre de ma passion, car c'est une chance extraordinaire mais, même si j'ai le plaisir d'exercer ce métier qui a tout de même plein d'avantages, j'ai également le droit d'exprimer les frustrations et les blessures qu'il m'inflige.

Je ressens en effet parfois une frustration, celle de ne pas être complètement libre, car même si je suis très loin d'être célèbre sur Internet, j'ai une certaine audience et cela peut m'empêcher de m'exprimer dans certaines situations. C'est contradictoire, parce que ma parole peut aussi bien être entendue qu'avoir des répercutions. Par exemple, lorsque j'ai appris à de nombreuses reprises des coups bas qui avaient été faits dans mon dos, j'ai dû aller à l'encontre de mon caractère

ILS TÉMOIGNENT

LE VÉCU D'ALEXANDRE

J'ai un rapport qui est assez conflictuel avec les réseaux sociaux. J'aime la grande diversité des personnes que je peux suivre sur les différentes plateformes : je suis certain de pouvoir trouver des contenus qui me correspondent et rejoignent mes centres d'intérêt. C'est très stimulant de découvrir d'autres passionnés qui partagent publiquement autour d'une thématique ou sur leurs façons de vivre. Quand je vois la puissance et l'impact que des mouvements relayés sur Internet peuvent avoir dans la vraie vie autour de sujets comme la lutte contre le racisme avec « Black Lives Matter », contre l'homophobie, pour l'égalité des sexes, pour l'écologie ou encore pour représenter les minorités, j'ai la sensation que ça vaut le coup d'accorder autant de temps et d'importance à ces applications.

En revanche, être sur les réseaux sociaux induit également pour moi de passer par une consommation de beaucoup d'autres contenus que je ne cherche pas forcément à regarder et qui me font perdre énormément de temps. Et puis, je trouve aussi que les réseaux sociaux comportent des risques et peuvent s'avérer dangereux. Selon moi, il faut vraiment apprendre à correctement les utiliser, plus encore lorsqu'on est jeune, et surtout être conscient de tout ce que l'on partage et des personnes que l'on suit et qui nous suivent. Il y a énormément de paramétrages disponibles pour ne pas être contacté par des inconnus, pour éviter d'être ajouté dans des groupes de conversations sans le vouloir et pour, de manière générale, se protéger du côté néfaste des réseaux sociaux. Dans mon entourage, des proches ont déjà vécu des phénomènes de cyberharcèlement à cause des réseaux sociaux, qui se sont ensuite déplacés au collège ou au lycée sous forme de harcèlement scolaire. Du coup, j'essaye au mieux de contrôler et vérifier ce que partage ma petite sœur sur Internet, pour ne pas qu'elle se mette en danger ou bien que ce qu'elle publie lui soit un jour préjudiciable.

car, sans les réseaux sociaux, j'aurais contacté les personnes, j'aurais demandé des explications et j'aurais exprimé haut et fort mon énervement. Mais, aujourd'hui, je me sens parfois obligé de me taire, de laisser passer ou bien de nuancer tous mes propos de peur qu'ils soient sortis de leur contexte, déformés, accentués ou bien qu'on s'en serve pour dire que je fais subir du harcèlement parce que, comme je suis suivi sur Internet, la moindre de mes remarques à l'encontre de quelqu'un a beaucoup plus (trop) de poids. Cela ne semble peut-être pas si grave mais, en réalité, cette dualité entre faire preuve d'un maximum de sincérité sur Internet et la frustrante peur des représailles est parfois étouffante.

J'ai à cœur de montrer la réalité sur mes réseaux sociaux et de transmettre les émotions que je vis. Malheureusement, cette volonté de tout partager a fini par me donner la sensation d'être pris dans un engrenage, où je m'étais placé tout seul, qui me poussait à toujours aller plus loin. J'ai donc fait le choix de garder pour moi beaucoup d'aspects de ma vie privés et de faire davantage attention à qui j'exposais, d'autant plus lorsque j'ai réalisé à quel point certains sont prêts à traquer les moindres faits et gestes des autres. Ma santé mentale a également été mise à rude épreuve à de nombreuses reprises par la pression constante des chiffres. Cette peur de décevoir, le nombre d'abonnés, de vues, la sollicitation des marques, et toutes ces statistiques qui forment un univers anxiogène… cela m'a souvent donné l'impression que les chiffres déterminaient l'importance que j'avais. Tout ceci étant beaucoup basé sur l'apparence et la personnalité que l'on montre à l'écran, la pression ou les impacts négatifs sont davantage multipliés et répercutés directement sur son image et sa confiance en soi. Les réseaux sociaux ont parfois engendré chez moi ce sentiment d'être moins aimé et, sans le souhaiter pour autant, je pense au jour où cette partie de mon métier s'arrêtera peut-être, et à quel point ne plus recevoir l'amour de personnes que je ne connais pas risque de me manquer et de me faire me sentir seul.

Je suis paradoxalement devenu très solitaire, et c'est d'ailleurs dans ces moments que l'on se découvre autrement. Et au-delà de cette idée, j'ai toujours eu la sensation d'être entouré par des milliers de personnes que je n'ai jamais rencontrées, et certaines que je ne rencontrerai peut-être jamais, mais que j'aime d'un amour indicible, et qui ont changé ma vie.

SE CONSTRUIRE AVEC LES RÉSEAUX SOCIAUX

Quand j'ai commencé à partager du contenu publiquement à douze ans, je n'aurais jamais cru qu'un jour ma vie soit autant influencée et dépendante d'Internet. J'ai longtemps repoussé, en pensant que je n'en avais pas besoin, l'idée de faire appel à un psychologue pour en parler et entendre un avis neutre sur mes problèmes. J'avais la sensation que mes questionnements n'étaient pas légitimes et j'appréhendais que l'on me dise, sans creuser plus, que j'étais « un jeune qui fait des vidéos sur Internet et qui n'a en réalité que des problèmes futiles », mais j'ai trouvé une oreille attentive qui a su considérer ce que je vivais et m'éclairer.

On me répète depuis des années « Tu n'as pas peur que ça s'arrête les réseaux sociaux ? Tu ne penses pas qu'il faudrait faire autre chose ? Et si tout s'interrompt, que feras-tu ? ». J'éprouve un certain agacement à entendre systématiquement ces questions, parce que, plusieurs années plus tard, ce n'est toujours pas le cas, et c'est opprimant de systématiquement devoir anticiper et penser aux conséquences négatives avant qu'elles n'arrivent. Bien sûr, il faut se dire que ça peut arriver et qu'il faudra être capable de retomber sur ses pattes au moment voulu et lutter pour ne pas sombrer dans une déprime certaine. Et oui, ça me fait peur. Je suis inquiet parce que je vis avec ce lien depuis longtemps, même si c'est à faible échelle et non pas devant des millions de personnes, j'ai une audience à laquelle je suis attaché et, au-delà de la peur qu'elle disparaisse, le fait qu'elle ne me guide plus au quotidien pourrait être douloureux.

J'aurais peut-être eu une construction différente si les réseaux sociaux n'avaient pas eu cette place aussi importante dans ma vie. Cette pression et cette recherche de l'approbation des autres sur Internet mène à une remise en question de soi permanente dirigée par les réseaux sociaux et l'image qu'ils véhiculent. En réalité, la question que je me pose sans cesse, c'est : est-ce viable sur le long terme de systématiquement être soumis au regard des autres, à leur jugement et de rechercher ainsi l'attention ?

Il y a eu une période pendant laquelle je me sentais oppressé, toujours stressé à l'idée de sortir, ne serait-ce que dans la rue, et où je ne me sentais en sécurité que dans mon appartement ou dans ma voiture. J'avais une peur terrible de la foule, de rencontrer des gens et d'être confronté, non plus à des messages sur un écran, mais à des situations concrètes. Je parle au passé parce que j'ai la sensation d'avoir avancé et, qu'aujourd'hui, même si un grand nombre de situations m'angoissent encore et que j'ai accepté que j'aimais une certaine solitude, je retrouve un certain plaisir à sortir et à m'ouvrir au monde. La santé mentale, c'est tellement important, mais la manière de l'atteindre est subjective et dépend de la sensibilité de chacun.

LISTE 3 OBJETS DONT TU NE POURRAIS PAS TE PASSER

Bon, bien sûr, on considère que ta santé est bonne, que tes proches vont bien et que tu as à boire, à manger, un toit et un lit douillet…

Les miens :

- Mon téléphone ;
- mon ordinateur ;
- mes écouteurs et ma musique.

Les tiens :

- ……………………………………………………………………………………
- ……………………………………………………………………………………
- ……………………………………………………………………………………

Si j'analyse mes propres réponses, c'est assez criant de vérité ! J'aurais préféré écrire un bon bouquin, un carnet de notes et mon stylo fétiche (je n'en ai pas, d'ailleurs !), mais c'est faux, et je veux être honnête avec toi dans ce livre.

Ce petit exercice met clairement en évidence (en tous cas pour moi) que l'essentiel des objets qui m'entourent et qui font partie de mon quotidien sont des écrans et des objets connectés. Je n'arrive pas à déterminer si c'est triste d'en être autant dépendant, mais je trouve ça dingue que ces objets, parfois destructeurs, soient devenus si indispensables.

LA VRAIE VIE

J'ai compris, en ce qui me concerne, que ce qu'il se passait sur les réseaux sociaux pouvait être la vraie vie, mais aussi que la vraie vie était en dehors des réseaux sociaux. C'est quoi la vraie vie ? Ce sont des rencontres, du partage, la quête d'un bonheur et d'un accomplissement, et surtout des tranches et moments de vie : des découvertes permanentes, des évolutions, des échanges, des éclats de rire ou encore de l'amour. Au final, bien qu'on choisisse la consommation que l'on en fait, les réseaux sociaux se résument en partie à regarder la vie des autres plutôt que vivre la sienne. Même s'il est possible d'être très créatif, de proposer un contenu original, de partager un art ou une passion, je me suis rendu compte que ces temps de divertissement ne sont pas comparables avec des contacts directs.

Sur les réseaux sociaux, il y a un côté addictif et une image qui se crée qui fait parfois oublier la réalité, à laquelle je participe également. Internet normalise certains comportements et fabrique des complexes en exposant la belle et riche vie de personnes (qui peut être faussée), ce qui peut en pousser d'autres à développer de la haine ou de la jalousie. Alors que, lorsque l'on ferme les écrans, c'est tellement agréable de regarder autour de soi, de prendre le temps, de discuter, de rencontrer, de ne pas calculer et de profiter. Je suis le premier à aimer ces réseaux sociaux, ils font partie intégrante de ma vie et je n'aurai jamais d'avis critique sur leur consommation, qu'elle soit très faible ou très intense comme dans mon cas.

Il serait exagéré de dire que j'ai redécouvert un monde, mais je me suis forcé à me déconnecter, à apprécier la simplicité des choses, à ne plus faire passer systématiquement les écrans avant de beaux moments de partage ou ne serait-ce que de la lecture. En effet, le cerveau est sollicité en permanence sur Instagram, Twitter, YouTube ou

TikTok, tout bouge rapidement, il y a des vidéos, du son, et beaucoup de dynamisme, ce qui contraste avec le charme et le silence d'un livre papier. Au-delà d'en avoir conscience, depuis que j'essaye de mettre de côté cette hyperconnexion, je réalise que j'ai pu faire de nouvelles rencontres en dehors des réseaux sociaux et tisser d'autres liens à côté desquels je serai passé en restant enfermé avec mes écrans.

ILS TÉMOIGNENT

LE VÉCU D'IMANE

Je n'utilise pas et je ne m'intéresse pas aux réseaux sociaux. On m'a souvent dit que j'étais étrange de ne pas passer mon temps libre à procrastiner sur Instagram ou à essayer de faire des TikTok, mais j'ai toujours préféré la compagnie d'un livre, d'un univers et de personnages fictifs. J'ai commencé par découvrir l'univers d'*Harry Potter* au collège et j'ai ensuite accroché avec de nombreuses autres sagas : *Hunger Games, Le Labyrinthe, Divergente, La Passe-Miroir*… Les réseaux sociaux me font peur. Je ne sais jamais sur quoi je vais tomber. J'ai tenté de me créer des comptes pour découvrir, mais je les ai très vite désinstallés après avoir vu des images d'horreur lors des attentats qui n'avaient pas été supprimées instantanément après leur publication. Ces photographies sont restées longtemps imprégnées dans ma mémoire, tout comme les dizaines de publications violentes et virulentes qui sont postées chaque minute.

Il y a peut-être des aspects positifs aux réseaux sociaux que je n'ai pas encore découverts, mais je ressens surtout une course à la haine : à la blague ou à l'attaque la plus piquante et méchante qui récoltera le plus de *like*. Les réseaux sociaux me paraissent tout autant superficiels que dangereux. Je ne vois pas vraiment l'intérêt de publier le fait qu'on sort avec des amis au cinéma plutôt que de simplement profiter du moment présent. Je me demande à quoi cela sert, peut-être que l'idée est de montrer que sa vie est mieux que celle des autres ? Encore une compétition à laquelle je n'ai vraiment pas envie de participer.

C'est sûr que je suis parfois en décalage avec des références qu'ont mes amis en étant sur les réseaux sociaux mais, au final, cela ne change pas grand-chose entre nous et cela nous oblige à encore plus nous voir en dehors des cours pour échanger en face à face.

UTILISONS LE « *RETOURNEUR DE TEMPS* » !

SI JE POUVAIS REVIVRE UNE JOURNÉE DE MON CHOIX...

JE VAIS TRICHER UN PEU (EN TANT QUE *SERPENTARD*, JE NE PENSE PAS QUE ÇA T'ÉTONNE...) PARCE QUE JE CHOISIRAIS DE REVIVRE UN MÉLANGE DE PLUSIEURS JOURNÉES QUI M'ONT MARQUÉ :

- QUE CE SOIT CE PREMIER VOL EN AVION.
- CETTE RENCONTRE RICHE EN ÉMOTIONS, ORGANISÉE AVEC DES ABONNÉS DANS UN PARC À LYON.
- CES NOËLS EN FAMILLE BRUYANTS ET REMPLIS DE VIE QUAND J'ÉTAIS PETIT.
- CES DISCUSSIONS AU COIN DU FEU PENDANT LES NUITS D'ÉTÉ.
- MON PREMIER DÉMÉNAGEMENT.
- CE RENDEZ-VOUS AMOUREUX INATTENDU.
- CES VOYAGES QUI M'ONT FAIT GRANDIR.
- CES SURPRISES QUE J'AI PU ORGANISER À DES PROCHES.
- MES PREMIÈRES RENCONTRES AVEC CEUX QUE J'AI D'ABORD DÉCOUVERT SUR INTERNET.
- CES SENTIMENTS DE FIERTÉ QUAND MES PROCHES M'ANNONCENT QU'ILS ONT RÉALISÉ UN PROJET.
- L'APPROBATION DE LA CRÉATION DE MA SOCIÉTÉ.
- LA SORTIE DE MA PREMIÈRE « BOX SUR DEMANDE ».
- CETTE APRÈS-MIDI AU MILIEU D'UN LAC AVEC DES AMIS.

SI TU POUVAIS REVIVRE UNE JOURNÉE DE TON CHOIX ...

QUIZZ

À QUEL POINT ES-TU *GRYFFONDOR* ?

Coche chacune des situations ou faits si tu te reconnais dedans :

☐ J'adore les défis et les challenges.

☒ Je me sens souvent obligé(e) d'intervenir dans des situations qui ne me concernent pas forcément.

☐ Le danger n'est pas un frein si j'ai une idée bien précise en tête.

☐ L'esprit d'équipe et la bienveillance sont essentiels pour mon équilibre.

☐ J'ai beaucoup de mal à rester inoccupé(e).

☐ Je parle beaucoup et je suis très impliqué(e) quand je suis dans un groupe.

☐ On me dit souvent que je fonce tête baissée.

☒ J'apprécie qu'on reconnaisse la valeur de mon travail.

☐ Je suis déterminé(e), je sais précisément où je veux aller.

☐ J'aime faire bonne figure, tout en restant libre.

☒ J'ai beaucoup de mal avec les personnes flemmardes.

☐ Je manque parfois de tact pour exprimer ce que je ressens.

☐ Je suis tête en l'air mais j'ai toujours plein d'idées et d'envies à la minute.

☐ J'aimerais qu'on se souvienne de moi pour ce que j'ai accompli.

☐ Je suis bon(ne) vivant(e), j'aime profiter de ce que la vie m'offre.

☐ J'ai besoin de faire du sport pour me défouler.

☐ Il est très difficile de me faire changer d'avis.

☐ J'ai une force mentale à toute épreuve.

☐ J'adore m'engager et aller au bout de ce que j'entreprends.

☐ J'ai toujours beaucoup d'anecdotes ou d'aventures à raconter.

REPORTE ICI LE NOMBRE DE CASES COCHÉES : ....3...........

Tu as entre 1 et 6 cases cochées : tu le savais peut-être déjà… mais ce n'est visiblement pas ton côté *Gryffondor* qui se dégage des réponses à ce quizz. L'aventure ou le danger ne te plaisent pas plus que ça et le tempérament fonceur « coûte que coûte » ne colle pas vraiment à ta personnalité.

Tu as entre 7 et 13 cases cochées : tu as des caractéristiques qui correspondent en partie à la maison *Gryffondor* sans pour autant que ce soit un sans-faute. Tu te retrouves probablement dans la force, l'énergie ou dans quelques autres traits qui se dégagent des élèves de cette maison à *Poudlard*… Les autres quizz te permettront de trouver ta seconde moitié de maison !

Tu as entre 14 et 20 cases cochées : il n'y a plus aucun doute, tu es bien *Gryffondor*. Tu es quelqu'un qui se laisse difficilement intimider, tu oses entreprendre et il faut avouer que ta détermination est sans faille. À *Poudlard*, tu aurais rejoint *Hermione Granger, Harry Potter, Ron Weasley* et beaucoup d'autres élèves honnêtes et courageux.

V

LE CYBERHARCÈLEMENT : LA HAINE DÉMATÉRIALISÉE

Quand j'ai dû me replonger dans ce que j'avais vécu, pour pouvoir le raconter, les premiers mots ont été difficiles à poser, à tel point que j'ai parfois hésité à me censurer et à ne pas tout dire. Ironique pour quelqu'un dont la démarche est justement de partager son expérience, n'est-ce pas ? Mais, pour être honnête, je ne reviens pas souvent sur ces périodes, par pudeur peut-être, par crainte de faire remonter de mauvais souvenirs, sûrement. Il est en réalité assez difficile de réussir à retranscrire son expérience et les émotions qui en ont découlé, parce que je ne veux pas tomber dans un discours larmoyant ou donner le sentiment que je m'apitoie sur mon sort. Je crois cependant que chaque témoignage est important, qu'il peut permettre de libérer la parole et d'avancer.

LA PAROLE LIBÉRATRICE

Le harcèlement, c'est un terme qui est de plus en plus utilisé et qui a fait émerger, ces dernières années, de nombreux témoignages. Il en existe plusieurs formes : scolaire, dans le cadre du travail, ou encore sur Internet et les réseaux sociaux. J'ai dû faire face à plusieurs de ces formes d'attaques, au collège et au lycée dans un premier temps, puis par la suite sur Internet, dont l'impact et les conséquences ont été beaucoup plus marquantes et violentes. Mais avant d'en raconter davantage, il y a un message important que je veux délivrer à toute personne qui lit ces mots et qui se sent démunie face à une situation de harcèlement : on s'en sort. **Je te promets, on s'en sort.**

Il n'y a aucune honte à être victime de harcèlement. Aucune. Trop souvent on fait taire la parole et les déclarations des victimes, ou on minimise l'impact de ces agressions virtuelles. Si, aujourd'hui, je me décide à raconter ce que j'ai vécu, c'est dans le seul espoir de pouvoir peut-être, en toute humilité, épargner de la souffrance à d'autres, en prouvant qu'on peut s'en sortir, même quand on a la sensation que le monde s'écroule autour de nous.

DÉFINITION DU HARCÈLEMENT :

Harcèlement moral : agissements malveillants et répétés à l'égard d'autrui, susceptibles notamment d'altérer sa santé physique ou mentale, de porter atteinte à ses droits ou à son avenir professionnel, ou d'altérer ses conditions de vie (source : dictionnaire Larousse).

Cyberharcèlement : un acte agressif, intentionnel, perpétré par un individu ou un groupe d'individus au moyen de formes de communication électroniques, de façon répétée à l'encontre d'une victime qui ne peut facilement se défendre seule (source : site du gouvernement).

Bon à savoir : numéro d'écoute pour victimes et témoins.
Parce que, parfois, parler à un inconnu est plus facile qu'à un proche, si tu es victime de cyberharcèlement, tu peux appeler ce numéro : **3020**. Et si tu n'es pas victime de harcèlement ou de cyberharcèlement, mais que tu es au courant que quelqu'un vit cette situation, tu peux l'aider. Compose aussi le numéro **3020**, et témoigne pour lui. Service et appel gratuits.

Un acharnement virtuel, ça ne parle pas à tous. Beaucoup d'adultes sont encore perdus face à ce fléau, mais il est temps d'admettre la réalité de la violence sur les réseaux sociaux à laquelle chaque utilisateur peut être confronté. Admettre aussi que trois personnes différentes ne traverseront jamais une situation ou un drame de la même manière : tandis que l'une aura besoin d'extérioriser sa colère, l'autre laissera couler ses larmes et la dernière se construira un mur pour tenter de ne plus jamais y penser. Il y a autant de sensibilités et de réactions que d'individus.

« Tu sais, on a tous des problèmes » ; « Éteins ton téléphone, tu n'auras plus d'ennuis » ; « Désactive les réseaux sociaux et ça sera terminé »... Autant de phrases que l'on a pu me sortir, probablement pour relativiser et certainement avec bienveillance, mais où est le juste milieu entre tout laisser passer parce qu'il y a plus grave et laisser sa détresse s'exprimer ? Si le cyberharcèlement s'arrêtait en mettant son téléphone en silencieux, c'est certain que les choses seraient plus simples, mais ce n'est qu'ignorer temporairement le problème. Bien sûr qu'on a tous des soucis, mais est-ce nécessaire pour autant de classifier leurs gravités ? C'est O.K. de se plaindre, c'est O.K. de s'avouer fatigué et à bout d'une situation, et c'est surtout O.K. d'en parler et d'avancer.

DÉCRYPTER LES AGRESSIONS DANS LA BANALISATION

La première fois que j'ai été confronté à du harcèlement numérique, je n'étais pas directement concerné, cela touchait probablement une personnalité publique ou un inconnu de Twitter dont la dernière photo, action ou le dernier propos était déformé, critiqué, amplifié ou insulté. En réalité, si je n'ai pas de souvenir précis de la première fois où j'ai découvert cette forme d'attaque, c'est parce que ce sont des comportements qui sont complètement normalisés. Quelle est la limite entre l'humour et le dénigrement ? La difficile subtilité entre le sarcasme dans un cercle fermé et un lynchage sur la place publique ? Tant de frontières franchies si facilement sur les réseaux sociaux.

Lorsque j'ai publié ma première vidéo sur YouTube en 2013, à douze ans et demi, je me souviens parfaitement d'avoir demandé l'autorisation à mes parents avant de me lancer. Et, bien que j'appréhendais leur réaction, et que j'ai été très déçu quand ils m'ont répondu que je n'avais pas l'autorisation de montrer mon visage pour commencer, je n'ai jamais regretté une seule seconde de leur en avoir parlé. Pourquoi ? Parce que dès que les ennuis ont commencé, je n'ai pas eu besoin de leur avouer que je faisais des vidéos sur Internet, ils le savaient déjà et pouvaient mieux comprendre et réagir face à la situation. Mes premiers mois sur YouTube, c'était génial : j'avais

l'impression de rencontrer tout un tas d'amis, j'avais gagné presque cent abonnés, publié une dizaine de vidéos et c'était énorme pour le tout jeune adolescent que j'étais. Aucune once de haine à l'horizon pour l'instant ? Attends, ça arrive. C'est peu après que j'ai dû recevoir les premiers commentaires qui m'ont contrarié. Tu sais, ceux qu'on aime appeler « *haters* » ou « rageux », pour essayer de se rassurer en les catégorisant. Ces messages qui comprennent des critiques sur ton physique, sur ton mode de vie, sur tes proches si tu en parles, et sur chacun de tes faits et gestes, font partie du cyberharcèlement quotidien. Il est tellement devenu courant que l'on n'y prête presque plus attention. Je me suis habitué à ces insultes, à cette haine qui est présente pour tous ceux qui travaillent dans des métiers où leur image est exposée. Avec une communauté qui grandit, on multiplie les messages d'amour, de soutien de tous ceux qui apprécient ce que l'on crée, mais on multiplie aussi les messages de haine de ceux qui ont décidé de passer leurs nerfs sur une personne qu'ils ne connaissent pas mais qui s'expose sur Internet.

En discutant avec des amis qui font le même métier, j'ai appris qu'ils étaient tous déjà adultes lorsqu'ils ont été victimes de ces premières attaques, mais cette violence est encore plus intense pour des jeunes en pleine construction qui ne peuvent pas toujours relativiser.

« T'as décidé de t'exposer sur les réseaux sociaux, assumes-en les conséquences » ; « Tu gagnes assez pour supporter quelques haineux, non ? » ; « Tu sais combien rêveraient d'être à ta place ? » ; « C'est la rançon de la gloire »… La seule chose vraie, parmi tous ces commentaires que j'ai pu entendre lorsque je parlais publiquement de cyberharcèlement, c'est que j'ai décidé de m'exposer sur les réseaux sociaux. C'est tout. Personne (à ma connaissance du moins) n'a jamais demandé à recevoir de la haine, ni à lire des menaces de mort à son réveil.

ILS TÉMOIGNENT

LE VÉCU DE MATÉO

J'ai eu beaucoup de difficultés à parler du cyberharcèlement que je vivais en plus du harcèlement scolaire. Alors que les réseaux sociaux sont un moyen de s'échapper et de penser à autre chose que sa journée, ils n'étaient pour moi que le prolongement d'attaques et d'injures, qui ont commencé d'abord sur le téléphone. Pendant plusieurs années, j'ai été victime d'harcèlement à l'école, qui continuait le soir, hors du collège. Je recevais des appels inconnus, ma boîte vocale était remplie d'insultes, mon numéro circulait sur tout un tas de sites, je recevais aussi des menaces par message et sur tous les réseaux sociaux possibles. J'ai autant souffert des mots que j'entendais, et qui résonnaient, que des messages écrits que je ne cessais de relire. C'est en sortant de cette situation que je me suis rendu compte de l'enfer que je vivais, et jusqu'où j'aurais été capable d'aller si j'avais été seul. La violence sur Internet est démultipliée car elle semble impunie, ce qui encourage certaines personnes à libérer une grande violence.

Certains de mes agresseurs sont allés jusqu'à récupérer les quelques photos que j'avais publiées sur les réseaux sociaux pour en faire des montages qui me mettaient dans des situations délicates ou qui portaient atteinte à mon image. Je ne cessais de me dire que ça leur passerait, que ce n'était que des jeux d'adolescents mais, avec du recul je pense que j'essayais de minimiser la situation pour me rassurer. Je suis aujourd'hui un jeune adulte, mais je reste marqué par cette période et j'ai développé certaines craintes de l'inconnu, des moqueries ou encore de rencontrer de nouvelles personnes. J'ai beaucoup de mal aussi avec le fait de vivre avec ces séquelles alors que ceux qui ont participé ou propagé cette haine ne s'en souviennent probablement pas. Ils ne s'en voudront jamais d'avoir agi de la sorte et détruit la naïveté d'un enfant qui ne pensait pas qu'on pouvait faire preuve d'autant de méchanceté gratuite.

Au-delà de ce cyberharcèlement quotidien banalisé, j'ai vécu plusieurs périodes et vagues de haine qui résonnent avec beaucoup de douleur rien qu'à leur évocation. Le souvenir de me réveiller soudainement au beau milieu de la nuit, la boule au ventre, pour déverrouiller mon téléphone et aller vérifier les nouvelles insultes publiées que j'aurais manquées, en espérant à chaque fois que ce seront les dernières. Je t'assure que ça laisse des séquelles.

ET LA VIOLENCE
DANS *HARRY POTTER* ?

Bien que les tomes d'*Harry Potter* démontrent que l'amour est toujours plus fort et qu'il domine la haine, cela n'a pas empêché parfois un climat d'aigreur ou de terreur. La première forme de violence se matérialise par une profonde haine de certains sorciers envers les *Moldus* dépourvus de pouvoirs magiques, ou même pour ceux dont les origines ne sont pas « assez » sorcières : ceux qui n'ont pas le « sang pur » comme *Hermione Granger* par exemple, sont traités de « *Sang-de-Bourbe* ». C'est une catégorisation très violente qui peut faire écho à des périodes historiques lourdes de sens et de conséquences vis-à-vis de son identité. *Voldemort* instaure une terreur et une oppression avec ses fidèles, et on retrouve des passages abominables comme celui durant lequel le personnage d'*Hermione Granger* est torturé par *Bellatrix Lestrange* au manoir des *Malefoy* dans *Harry Potter et les Reliques de la Mort* de J. K. Rowling. Mais aussi lorsque la professeure *Charity Burbage* à *Poudlard* est tuée par *Lord Voldemort* car elle défend la considération égale entre les *Moldus* et les sorciers.

Au fil des aventures des tomes, et même esthétiquement dans les adaptations cinématographiques, l'atmosphère s'alourdit et le climat s'assombrit. *Poudlard* se retrouve surveillé par des détraqueurs, le « *Ministère de la Magie* » complètement détourné, des *Moldus* sont même attaqués, puis *Dolores Ombrage* est nommée en tant qu'inquisitrice à *Poudlard* et ne laisse rien passer. Elle en vient même à torturer ses élèves avec des punitions où ils doivent écrire des lignes avec leur sang. Pendant ce temps, *Voldemort* grandit en puissance et impose sa dictature et son idéologie. De tout ceci découle la « *Deuxième Guerre des Sorciers* » jusqu'à la bataille finale. Sans être directement liés avec le cyberharcèlement, les réseaux sociaux n'existant pas dans la saga *Harry Potter*, on retrouve tout de même ces sentiments de peur, d'oppression et de panique. Le héros perd, pendant ses quêtes, des amis, ou encore de la famille, et il est souvent pris de doutes et tourmenté par ce qu'il traverse.

LA TRAVERSÉE DE L'ENFER

J'ai traversé un véritable enfer pendant plusieurs semaines. Pour donner le contexte, j'avais environ quinze ou seize ans, cela faisait donc déjà plusieurs années que j'étais sur YouTube. Je me souviens, à cette période, à quel point je ne pensais qu'aux réseaux sociaux, c'était, au-delà de mon passe-temps, devenu mon obsession. Je voyais de nouvelles personnes me suivre chaque jour et, au lieu de m'en contenter, j'en voulais plus, encore plus, toujours plus. Où est le mal me diras-tu ? Il apparaît au moment où l'ado que j'étais devenait obsédé à l'idée de grimper en notoriété et gagner de nouveaux abonnés. C'est tellement malsain ces chiffres, tu es poussé à en vouloir en permanence davantage, et tu as l'impression que, plus ils sont gros et plus tu gagnes d'abonnés, plus tu es populaire et donc plus tu es aimé. Sauf que cette course aux chiffres n'avait pour moi aucune limite. Alors j'ai complètement perdu pied, j'étais constamment dans cette recherche de popularité, dans cette envie de réussir : je voulais que ça aille encore plus vite. Je pense que je rêvais un peu d'être comme la génération des créateurs qui avaient mon âge et qui commençaient à réussir à vivre de leur passion, mais sans l'assumer pleinement.

Dans la vie, beaucoup de choses, pour ne pas dire tout, finissent par se savoir, parce que tout le monde parle et ajoute son avis sur la question. Je n'ai pas échappé à cela et j'ai commencé à recevoir les premiers mots et commentaires insultants. Puis les messages étaient de plus en plus fréquents, et un bon nombre de personnes ont décidé de s'en mêler et de relayer des informations, qui étaient souvent mensongères, pour envenimer la situation, et un vrai acharnement a commencé. Si on prend un peu de recul, on se dit, bon un jeune qui fait des vidéos sur *Harry Potter* se met, au début de ses années de lycée, à prendre un peu la grosse tête, ça finit par se savoir, il reçoit la monnaie de sa pièce, rien de plus. Mais ça c'est le point de vue extérieur, ça paraît ridicule et puérile, mais le gamin que j'étais (je ne suis toujours pas bien vieux, je te l'accorde) a vu le monde qu'il s'était construit s'écrouler autour de lui.

Je sais que certaines personnes, à l'origine de ce cyberharcèlement et de ces attaques, n'ont pas réalisé l'impact que ça a eu : « Je n'ai fait que repartager » ; « Finalement, ce n'était pas si souvent », pouvaient-elles argumenter... mais en réalité, chaque petite contribution, chaque *like*, chaque réponse participe au phénomène et l'amplifie, quand toi ça t'abîme de l'intérieur toujours un petit peu plus.

Je me vois encore, seul dans ma chambre, chez mes parents, à faire les cent pas et à me demander si je méritais ce qu'il m'arrivait, et surtout si un jour ça allait enfin s'arrêter. Pendant ces périodes — qui ont duré plusieurs semaines — j'ai reçu des dizaines de messages remplis de haine et de menaces chaque jour. Des commentaires, des vidéos, des e-mails, des publications, des *stories*, des *lives*... Des humiliations publiques, des incitations à la haine et au suicide, puis des menaces de mort. Mêmes si ces dernières n'étaient pas fondées et écrites par des personnes qui ne le pensaient pas une seconde, ces mots lourds de sens te poignardent quand tu les lis.

Pourquoi certains inventent-ils des choses sur moi ? Est-ce que je suis une mauvaise personne ? Pourquoi on ne cherche pas à connaître et rétablir la vérité ? Pourquoi est-ce qu'on remet en cause ma légitimité à partager ma passion ? Pourquoi est-ce que j'ai peur ? Pourquoi est-ce que les autres se font une opinion de moi sans me parler, sans me connaître ? Pourquoi certains veulent-ils même me voir mourir ? Et si j'arrêtais tout ? Et si je ne m'en remettais jamais ?

Des sentiments qui peuvent, des années après, paraître futiles, parce que ce ne sont que des mots, mais des mots d'une intense violence et qui raisonnent toujours dans ma tête. Je me suis senti seul contre tous et, bien que je sois loin d'être fier d'avoir été en quête à tout prix de reconnaissance, les conséquences de ces erreurs du passé ont été extrêmement douloureuses et démesurées.

On ne sort pas tous marqués de la même manière après avoir vécu du harcèlement. Quand tu reçois des messages d'une telle violence, c'est impossible d'y être indifférent. Je ne pensais qu'à ça en permanence, et ce lynchage public prenait des proportions bien trop malsaines. Le plus étrange, je pense, c'était cette réaction que j'avais, et que je ne contrôlais pas, à regarder et lire, puis relire absolument tous les messages, plutôt que de les ignorer. En m'infligeant toute cette violence, j'ai complètement perdu confiance en moi, et j'ai douté de toutes les personnes de mon entourage qui se disaient être des amis.

LA PORTE DE SORTIE DU CAUCHEMAR

Il y a deux choses qui m'ont heureusement fait sortir la tête de l'eau : des rencontres et ma passion pour *Harry Potter* résistant à tout. C'est dans cette saga que j'ai réellement trouvé un refuge pendant plusieurs périodes de mon adolescence. Parce que, quand on se sent seul, incompris ou bien tout simplement abandonné, la lecture et une passion sont une bonne manière de se recentrer sur soi et de se sentir accompagné. Je ne saurais expliquer comment précisément, mais c'est à travers la vie de ces personnages, leurs parcours, ce qu'ils traversent tout en essayant de se construire, que la magie m'a permis une nouvelle fois de tenir bon, de penser à autre chose, et de me focaliser sur ce que j'aimais, et non pas sur ce qui me détruisait. J'avais la sensation de grandir en même temps que je suivais l'évolution des personnages, et je me répétais que s'ils arrivaient à survivre à toutes les aventures, j'arriverai à surmonter cette épreuve.

Au-delà de la saga, il y a eu de merveilleux humains, tout autant passionnés de magie que moi, qui m'ont vu sombrer et qui ont décidé de me tendre, puis de me tenir la main, de me remotiver, qui m'ont aidé à reprendre confiance, à continuer à me battre pour faire ce que j'aimais, et à le faire bien. Je pense sincèrement que si j'ai réussi à réutiliser les réseaux sociaux, et que j'ai depuis gardé les pieds sur terre, c'est grâce à eux.

ILS TÉMOIGNENT

LE VÉCU DE JUSTINE

Au début des blogs et des forums, je me souviens que j'adorais échanger avec d'autres internautes autour de plein de sujets variés. C'était en quelque sorte mon échappatoire, on ne se voyait jamais mais on interagissait ensemble très régulièrement en fin de journée, c'était devenu habituel, comme un rendez-vous virtuel avec des amis. Un jour, et sans que je ne puisse jamais comprendre réellement pourquoi, ce groupe avec qui j'échangeais s'est violemment retourné contre moi et m'a mise plus bas que terre. J'étais très attachée à eux, à ces moments de partage et, pour des histoires futiles, je me suis retrouvée abandonnée et dénigrée.

Quelques années plus tard, j'ai malheureusement développé beaucoup d'amertume et de rancœur envers le monde entier et Internet. Je suis devenue, à mon plus grand regret, une personne haineuse sur les réseaux sociaux qui cherchait la petite bête auprès de n'importe qui.

Je lançais des rumeurs, je partageais des propos offensants, j'étais actrice d'un cyberharcèlement banalisé. Après avoir vécu une déferlante de haine sur Internet, j'avais la sensation de prendre ma revanche en faisant vivre à d'autres la même chose. C'est un raisonnement terrible et, sous couvert d'anonymat, je me suis sentie pousser des ailes. Mais rien n'est anonyme, même les publications sur les réseaux sociaux. Tout laisse une trace, et mes proches sont un jour tombés dessus. Ils ont su me ramener à la raison et m'accompagner pour que je puisse extérioriser autrement cette haine qui m'habitait depuis bien trop longtemps.

Entre les premières et les dernières insultes, cela a duré une année entière. C'était il y a quatre ans aujourd'hui, et cette histoire, bien qu'elle soit douloureuse, est loin derrière moi (même si certains n'hésitent pas à continuer à s'en servir pour propager de fausses rumeurs). Mais une des choses que j'ai appris et que j'essaye d'intégrer tous les jours, c'est qu'on ne peut pas plaire à tout le monde. Et, au-delà de cette phrase un peu bateau, que ça ne sert à rien d'essayer de plaire à tout le monde, car ça finit par devenir destructeur. Peu importe le métier, peu importe la période, peu importe si l'on fait tout du mieux possible, il y aura toujours des personnes malveillantes ou remplies de haine, prêtes à sortir les griffes pour tenter de te mettre plus bas que terre. Cette histoire est arrivée au milieu de mon adolescence et a forgé une partie de mon caractère. Je peux sembler très piquant, très sarcastique, en permanence prêt à répliquer, à toujours vouloir le dernier mot : c'est peut-être la meilleure carapace que j'ai pu me construire pour ne plus me laisser marcher dessus. Piquer avant d'être piqué.

SE DÉFENDRE CONTRE LA HAINE :

MES ARMES MOLDUES :

- **L'IGNORANCE** : BIEN QUE PARFOIS ELLE SOIT DIFFICILE À APPLIQUER, C'EST LE MEILLEUR MOYEN DE NE PAS ACCORDER D'IMPORTANCE OU DE NE PAS CÉDER À LA VIOLENCE.
- **L'HUMOUR** : À UTILISER SANS MODÉRATION !
- **L'APPRENTISSAGE** : JE PENSE QU'UNE PARTIE DE LA HAINE PROVIENT DE L'AVEUGLEMENT OU BIEN DE LA PEUR DE CE QUE L'ON JUGE DIFFÉRENT ET DE CE QUE L'ON NE CONNAÎT PAS. C'EST EN DÉCOUVRANT LA VIE AVEC LES AUTRES QUE L'ON S'OUVRE AU MONDE ET QUE L'ON NE CÈDE PAS À LA FÉROCITÉ.

TES ARMES MOLDUES :

....

....

....

....

....

....

....

....

....

....

MES ARMES MAGIQUES :

- UNE « *POTION D'AMNÉSIE* » : POUR ENDORMIR QUELCONQUE DÉTRACTEUR.
- LE « *RETOURNEUR DE TEMPS* » : POUR ÉVITER DES SITUATIONS MALVEILLANTES.
- UN *ÉPOUVANTARD* : POUR EFFRAYER CEUX QUI SERAIENT TENTÉS DE M'ATTAQUER.
- LE SORTILÈGE DE « *CRACHE-LIMACE* » : POUR RIDICULISER LES AGRESSEURS.

TES ARMES MAGIQUES :

....

....

....

....

....

....

....

....

....

....

....

....

....

COMMENT SE SORTIR DU HARCÈLEMENT DANS *HARRY POTTER* ?

Harry Potter subit lui aussi du harcèlement scolaire, notamment à partir du tome 4, quand on l'accuse d'avoir triché pour mettre son nom dans la « *Coupe de Feu* ». Dans *Harry Potter et la Coupe de Feu* de J. K. Rowling, les autres élèves se moquent ouvertement de lui et sont délibérément méchants. Ils portent des badges à son effigie qui le traitent de tricheur, ils l'insultent et inventent des chansons moqueuses. Le plus dur pour *Harry* est de ne pas pouvoir compter sur le soutien de son meilleur ami, *Ron*, et de ne pas avoir de réponse à ses questions : qui a mis son nom dans la coupe ? Et pourquoi ? Heureusement, il peut compter sur le soutien sans faille d'*Hermione* et la situation s'améliore lorsqu'il réussit la première tâche du « *Tournoi des Trois Sorciers* ».

Dans le tome 5, *Harry Potter et l'Ordre du Phénix* de J. K. Rowling, on accuse *Harry* de mentir, cette fois-ci sur le retour de *Voldemort*, et certains de ses amis, comme *Seamus Finnigan*, n'hésitent pas à lui tourner le dos. En effet, les autres élèves ne croient pas *Harry* sur les circonstances de la mort de *Cédric Diggory* et le retour de *Voldemort*. Si c'est dur pour *Harry*, *Ron* et *Hermione* le défendent néanmoins et ses plus proches camarades finissent par penser qu'il dit la vérité. Ce qui n'aide pas, c'est que le monde des sorciers est influencé par les journaux et par le « *Ministère de la Magie* » qui préfèrent faire passer *Harry* pour un menteur plutôt que d'affronter une réalité effrayante. *Harry* se retrouve face à un harcèlement de grande ampleur et amplifié par le contexte extérieur. C'est clairement ses amis qui lui permettent de tenir et de rebondir. Il peut se confier à eux sur ce qui le tourmente et ne se sent donc pas seul face à tous ses sentiments.

Je suis certain que le harcèlement que j'ai pu vivre sur Internet a résonné beaucoup plus violemment en moi que celui vécu pendant ma scolarité, peut-être parce qu'il est moins pris au sérieux, ou bien parce qu'il ne s'arrête jamais tant que tu ne lâches pas ton portable. Je me souviens qu'on a essayé de me tirer les vers du nez pour comprendre pourquoi je paraissais triste, préoccupé, ou encore pourquoi mon comportement avait changé. J'avais tellement peur d'être ridicule avec mes histoires ou de blesser mes parents. Mais parler, c'est réellement libérateur, et parfois quelques mots suffisent pour rassurer, permettent d'enfin pouvoir se confier et raconter ce que l'on vit.

On me demande très souvent si c'est une bonne chose de se lancer sur les réseaux sociaux, beaucoup me disent avoir peur du regard des autres et des commentaires nocifs qui pourraient survenir. Je suis persuadé qu'il ne faut pas s'exposer sans en informer ses parents si l'on est mineur. Je pense qu'il faut être conscient de ce que l'on poste, et qu'il ne faut surtout pas ignorer la violence qui peut régner dans ces médias. La seule certitude, c'est que — en aucun cas — il ne faut se brider, se priver de partager ou de laisser libre court à sa créativité, car sinon ce sont les détracteurs qui auront gagné.

Je me rends compte qu'écrire ces mots, raconter mon expérience, donner les meilleurs conseils possibles de quelqu'un qui a su se forger face à tout ça, c'est aussi un peu une thérapie. Parce que, malgré le temps, il y a toujours des cicatrices, des réflexes d'auto-défense, une crainte permanente de se faire berner par les autres, de ne pas capter leurs réelles intentions et qu'on me trompe. Au début, on y repense souvent, puis de moins en moins, et ça finit par passer, parce que tout finit par s'effacer, mais jamais complètement. Et pourquoi ? Parce que le cerveau n'oublie pas. Cependant, je suis fier d'où j'en suis aujourd'hui et du parcours que j'ai accompli.

Je sais que la publication de ce livre sera une période pleine d'euphorie et de joie, mais j'ai aussi conscience que la peur va s'emparer de moi, parce qu'il y aura toujours des personnes pour critiquer ce qu'on fait, parfois dans la bienveillance et d'autres fois non. J'essaye donc de me préparer aux retombées possibles et j'appréhende cette période tout autant que je l'attends avec impatience.

MES CONSEILS POUR FAIRE FACE ET SORTIR DU CYBERHARCÈLEMENT :

- **Trouver un proche de confiance** et essayer d'expliquer au mieux la situation.
- **Signaler** et garder des preuves des propos insultants.
- **Bloquer et masquer** les protagonistes à l'origine de ces attaques.
- **Essayer de ne pas répondre aux insultes** pour éviter d'envenimer la situation.
- **Occuper son esprit à autre chose,** essayer de se déconnecter de cet environnement.
- **Trouver un moyen de se libérer,** par l'écrit ou par la chanson, en posant des mots sur ce que l'on vit.

MES CONSEILS POUR AGIR SI UN PROCHE VIT UNE SITUATION DE CYBERHARCÈLEMENT :

- **Ne pas minimiser les faits** parce qu'ils se déroulent sur les réseaux sociaux.
- **Ne pas commenter les publications** dans l'espoir de défendre la victime.
- **Essayer de relever les identités des agresseurs** et garder des preuves.
- **Discuter et insister auprès de la victime** pour qu'elle se libère.
- **Prendre des mesures pour que ça cesse** (convoquer le chef d'établissement, porter une plainte…).

QUIZZ

À QUEL POINT ES-TU *SERPENTARD* ?

Coche chacune des situations ou faits si tu te reconnais dedans :

☐ J'apprécie argumenter et défendre coûte que coûte mes idées.

☒ Je suis rancunier(ère) et je n'oublie jamais les coups bas.

☐ Désobéir me provoque une certaine excitation, mais je fais tout pour ne pas me faire prendre.

☐ Je suis toujours en train de provoquer et titiller les autres.

☐ Je soigne mon apparence et j'accorde beaucoup d'attention au paraître.

☐ Je peux sembler inaccessible ou nonchalant(e).

☒ J'aime me projeter et me fixer des objectifs.

☐ Il est très difficile de me faire changer d'avis.

☐ J'ai besoin de la gratitude des autres, même dans mes accomplissements personnels.

☐ J'adore analyser et observer les comportements et situations.

☒ Je n'ai pas beaucoup de patience.

☒ Il faut toujours que je puisse tout contrôler, sinon c'est la panique.

☐ Attirer l'attention n'est pas quelque chose qui me déplaît.

☐ Ma fierté m'empêche de retourner vers certaines personnes qui m'étaient chères.

☐ J'ai besoin de diriger et j'ai du mal avec la hiérarchie.

☐ On m'a déjà dit que je donnais l'impression d'avoir beaucoup (trop) de confiance en moi.

☐ Je pense que tous les moyens sont bons pour parvenir à mes fins…

☐ Je ne suis jamais dans la demi-mesure.

☐ Il faut absolument que j'aie toujours le dernier mot.

☐ Je pense qu'exprimer mes sentiments, c'est me mettre en danger.

REPORTE ICI LE NOMBRE DE CASES COCHÉES : ....4........

Tu as entre 1 et 6 cases cochées : bon, si ça peut te rassurer, d'après ce quizz tu n'es pas *Serpentard.* Bien que tu passes à côté d'une fabuleuse maison, il semblerait que tu préfères davantage les règles à la désobéissance et à l'insolence. Mais avec un peu d'ouverture d'esprit et de tolérance, je suis sûr que tu pourrais tomber sur des profils de *Serpentard* avec qui tu construirais de belles choses.

Tu as entre 7 et 13 cases cochées : tu pourrais faire partiellement partie de la maison *Serpentard* à *Poudlard,* mais pas totalement… Un petit côté rebelle, ou bien simplement un caractère bien trempé qui fait que tu n'es pas si loin que ça de croiser *Drago Malefoy* dans la salle commune des roublards.

Tu as entre 14 et 20 cases cochées : il n'y a plus aucun doute, tu es un *Serpentard !* Tu es ambitieux(se), motivé(e) et toujours prêt(e) à argumenter pour prouver que tu as raison. Un poil dédaigneux(se), très provoquant(e) et souvent sur la défensive, tu adoptes parfois ce petit ton insolent qui agace. Tu n'en restes pas moins quelqu'un de sensible, de très attentif et qui porte une certaine importance à ce que les autres pensent de toi.

VI

SE DONNER LES MOYENS

La réussite est une notion extrêmement subjective, mais qui prend toute sa valeur lorsqu'elle s'applique à un désir personnel accompli. Qu'est-ce que veut réellement dire la réussite ? Est-ce être épanoui dans sa vie professionnelle ? Gagner beaucoup d'argent ? Avoir réussi à bien s'entourer et faire le tri ? Être tout bonnement heureux ? Je pense sincèrement que tout le monde peut réussir et que chacun est capable d'accomplir de grandes choses, malgré des difficultés rencontrées plus ou moins importantes. Dans la mesure où l'on considère que réussir est un gage d'admiration en société, il est presque devenu obligatoire de réussir. Cependant, sans céder à la pression extérieure, la solution est peut-être tout simplement de se donner les moyens et d'aller au bout de ses envies.

D'UNE PASSION À UNE VOCATION

J'ai lancé ma chaîne YouTube en juin 2013, puis mon compte Instagram, pour partager mon premier voyage aux studios *Harry Potter* et rencontrer d'autres passionnés de la saga. Je n'aurais jamais pu imaginer à ce moment-là que la création de contenu sur Internet devienne une partie de mon métier quelques années plus tard. À cette époque, les réseaux sociaux n'étaient pas aussi monétisés qu'ils le sont aujourd'hui et il y avait peu de créateurs qui pouvaient vivre de leur activité, et encore moins qui avaient fait toutes les démarches légales nécessaires. Je me souviens, qu'au début de mon adolescence, une génération de youtubeurs de mon âge s'est retrouvée propulsée, et que certains ont même décidé d'arrêter leurs études pour se consacrer entièrement à leur carrière sur Internet. Je crois qu'à ce moment-là, alors que je réalisais simplement mes vidéos dans ma chambre à la fin de ma journée de collège, je m'imaginais vivre à mon tour toutes ces opportunités grâce à ma passion.

Depuis, les réseaux sociaux se sont énormément développés, les activités commerciales et publicitaires sont beaucoup plus encadrées, et de nombreux créateurs peuvent subvenir à leurs besoins grâce aux réseaux ou s'en servir comme tremplin. De mon côté, j'ai professionnalisé progressivement ce que je créais, sans réellement m'en rendre compte, pour être honnête. J'ai commencé par activer les publicités sur ma chaîne YouTube, générant au début quelques euros par mois, puis, au bout de quatre ans, j'ai réalisé ma première collaboration commerciale avec une marque que je mettais en avant dans une vidéo. J'étais très reconnaissant qu'on s'intéresse à mes vidéos que je passais des heures à imaginer, tourner et monter, mais j'avais en même temps du mal à comprendre que des enseignes se préoccupent de ce que je faisais.

Peu à peu, j'ai reçu davantage de sollicitations au fur et à mesure que mon audience sur les réseaux sociaux augmentait. J'apprenais les tarifs d'usage dans le milieu, les bonnes pratiques ou encore la gestion d'une campagne publicitaire sur les réseaux sociaux. Le milieu de l'influence est un domaine, comme partout, avec ses codes. Il était en pleine expansion et encore nouveau aux yeux de nombreuses marques.

Dès que ça a été possible, le jour de mes dix-huit ans, j'ai créé mon auto-entreprise pour pouvoir collaborer avec des clients et faire mes premières factures. Deux ans plus tard, et avec des activités en plein développement comme le lancement de mon site e-commerce, j'ai pu changer de statut et créer ma société avant mes vingt ans.

Aujourd'hui, je suis entouré de professionnels qui m'aident sur les parties financière et administrative, sur les aspects juridiques liés aux contrats et également sur la partie commerciale, afin de pouvoir me concentrer sur la création de contenu et sur mes autres activités. Je travaille aussi avec des équipes logistiques pour la gestion des commandes de ma boutique en ligne que je ne pouvais plus faire seul. Je n'ai parfois pas l'impression d'avoir tant évolué, pourtant, j'ai appris à m'entourer professionnellement, et je suis très heureux d'avoir exécuté toutes ces tâches et ces métiers avant de les avoir délégués. Au départ, je souhaitais juste partager ma passion pour *Harry Potter*, et j'ai finalement réussi à créer un métier qui me plaît et qui ne m'éloigne pas de ce qui me transporte, tout cela grâce aux pouvoirs des réseaux sociaux.

ET L'ENTREPRENEURIAT
DANS *HARRY POTTER* ?

Dans la saga *Harry Potter*, l'entrepreneuriat est représenté avec les jumeaux *Weasley* qui décident de créer, très jeunes, leur propre boutique de farces et attrapes sur le « *Chemin de Traverse* » : « *Weasley, Farces pour sorciers facétieux* ». Ils peuvent être confiants sur cette ouverture, grâce au succès qu'ils rencontrent déjà dans les couloirs de *Poudlard*, en proposant à la vente des « *Boîtes à Flemme* » ou encore des philtres d'amour. Ce projet est en partie possible grâce à *Harry* qui les aide financièrement, un soutien amical précieux ! C'est une réussite et surtout l'aboutissement d'un rêve pour les jumeaux qui débordent d'idées d'inventions en tout genre. Bien que leur mère *Molly* aurait préféré qu'ils travaillent au sein du « *Ministère de la Magie* », ils arrêtent leurs études en cinquième année, dans *Harry Potter et l'Ordre du Phénix* de J. K. Rowling, avant d'obtenir leurs diplômes. Cet exemple permet aussi de montrer la réussite de personnages issus d'un milieu modeste, qui se donnent les moyens de faire de leur passion un métier.

L'ENVIE D'ENTREPRENDRE, UN ÉTAT D'ESPRIT

Pour moi, mon épanouissement personnel passe par une réussite professionnelle. Quand j'ai créé ma première entreprise, j'étais complètement perdu, je voulais simplement pouvoir continuer à faire du contenu et pouvoir toucher légalement les revenus liés à mon métier. J'ai ensuite appris et découvert au fur et à mesure toute la législation et les démarches liées au statut d'indépendant. J'ai très vite apprécié le fait d'être mon propre patron, de ne pas recevoir d'ordres et de ne m'en prendre qu'à moi-même si quelque chose échouait. Il y a, dans l'entrepreneuriat, à la fois cette incertitude qui parfois ronge, mais également cette excitation permanente de chaque journée unique organisée par soi-même. Je n'ai jamais eu peur de ne pas réussir quelque chose parce que je me suis toujours efforcé de trouver des solutions et d'apprendre à résoudre les problèmes. Il y a un état d'esprit dans l'entrepreneuriat qui ne convient pas à tout le monde et également un style de vie empreint de concessions.

Lorsque j'ai créé mon commerce en ligne et que j'ai fortement développé mon activité, je suis devenu « chef d'entreprise » pour beaucoup de mes proches, alors que je l'étais en réalité depuis déjà deux ans. Ce nouveau projet m'a fait rencontrer nombre d'autres professionnels et j'ai dû faire face à beaucoup de condescende et de jugements sur mon jeune âge. J'ai toujours été agacé par ces remarques parce que, pour moi, tout le monde peut décider, s'il en a le désir, de se lancer et de tout faire pour réaliser ses projets et envies. J'ai personnellement toujours assumé mes ambitions, ça doit être le côté *Serpentard*, et c'est loin d'être une mauvaise chose que de vouloir réussir ce que l'on entreprend. Bien sûr, souvent j'ai peur, mais j'essaye, je prends des risques et, évidemment, j'échoue parfois, et ce n'est pas grave.

Je suis très souvent sujet à des angoisses, au stress et à la panique. Je me fixe tout seul une énorme pression pour toujours m'améliorer, proposer plus et mieux. Quand rien ne va et que tout ce que j'avais prévu change, j'en viens à m'imaginer que tout ce que je voulais faire est voué à l'échec. J'ai eu de nombreuses occasions de baisser les bras, mais je crois que j'ai toujours retrouvé ma motivation en me concentrant sur l'essentiel et en relativisant. Le problème, c'est qu'en étant entrepreneur, on est souvent seul et confronté à ses propres démons, à des soucis que l'on doit gérer et dont il est difficile de mesurer l'impact. J'ai appris à me poser, à lister mes problèmes et à trouver des axes de solution en ne dramatisant pas tout. Mais j'ai des frayeurs. J'ai même souvent peur et, à cause de cette peur, je me suis freiné, je n'ai pas osé, ou bien j'ai renoncé. Mais renoncer, c'est passer à côté d'opportunités, c'est se fermer des portes et ne jamais savoir ce qu'il peut se cacher derrière.

ET LES ARMES DE RÉUSSITE
DANS *HARRY POTTER* ?

Parmi les personnages qui ne manquent pas de cran dans la saga, on peut retenir *Ginny Weasley* qui grandit avec six frères et qui doit réussir à se faire une place et à se faire entendre. Malgré son jeune âge dans *Harry Potter et la Chambre des Secrets* de J. K. Rowling, elle doit également se reconstruire après avoir été manipulée par le « Journal de *Tom Jedusor* », et elle fait preuve d'énormément de courage. Ce dernier ne faiblit pas sur la fin de la saga, lorsqu'elle gère avec *Luna Lovegood* et *Neville Londubat* « *L'Armée de Dumbledore* » et prépare la résistance de *Poudlard* avant de prendre part à la bataille finale. On le sait, *Hermione Granger* est à la fois un personnage rempli de courage et d'audace, mais elle est aussi déterminée et va au bout de ses idées. Dans le tome 4, *Harry Potter et la Coupe de Feu* de J. K. Rowling, par exemple, *Hermione* décide de créer la *S.A.L.E*, la «*Société d'Aide à la Libération des Elfes* ». Elle essuie des moqueries à cause de ce nom, mais elle ne se décourage pas et mène jusqu'au bout cette action qui lui tient à cœur. C'est aussi l'héroïne à l'origine de la résolution de nombreux problèmes rencontrés par le trio pendant leurs péripéties, qui a toujours du bon sens, le sang-froid nécessaire ou les bons mots.

GÉRER SES PEURS

C'EST TELLEMENT LIBÉRATEUR DE RÉUSSIR
À POSER DES MOTS SUR CE QUI NOUS ENTOURE
ET CE QUI PEUT NOUS FREINER,
COMME NOS PEURS. VOICI LES MIENNES,
ET TOI, QUELLES SONT TES PEURS ?

MES PEURS :

- J'AI PEUR DE L'AVENIR.
- J'AI PEUR DE NE PAS TROUVER QUELQU'UN QUI COMPRENNE MON MODE DE VIE.
- J'AI PEUR DE NE PAS ÊTRE À LA HAUTEUR.
- J'AI PEUR DE L'IMPACT DES RÉSEAUX SOCIAUX SUR MA SANTÉ MENTALE À LONG TERME.

TES PEURS :

....

....

....

....

....

....

....

....

MES INGRÉDIENTS MAGIQUES CONTRE MES PEURS :

- LA POTION « *FÉLIX FÉLICIS* » POUR OBTENIR UNE CHANCE INOUÏE, UN TEMPS DONNÉ.
- LE SORTILÈGE DU « *PATRONUS* » POUR ME PROTÉGER ET M'APPORTER DE LA CONFIANCE.
- « *BUCK L'HIPPOGRIFFE* » COMME ANIMAL DE COMPAGNIE.
- DE L' « *ESSENCE DE DICTAME* » POUR M'ASSURER DE TOUJOURS GUÉRIR.

TES INGRÉDIENTS MAGIQUES CONTRE TES PEURS :

VI

Lorsqu'on est indépendant, il est essentiel de pouvoir garder les pieds sur terre. Quand on est isolé et que l'on travaille dans son coin, on perd parfois la notion du temps et il arrive que je m'enferme plusieurs jours sans voir personne, tellement je suis happé par ce que je fais. Mais quand on fait un métier où l'on est suspendu aux chiffres, aux résultats ou encore à son image sur les réseaux sociaux, il est très important d'être entouré et de pouvoir passer des moments déconnectés de toute responsabilité auprès de ses proches. Certains amis me disent que j'ai une vie géniale et un avenir tout tracé, mais j'aimerais parfois aussi ne plus avoir toutes ces responsabilités, ne plus me poser autant de questions, et moins travailler. Ça reste évidemment mon choix, et j'ai une chance infinie qui est la liberté, mais ce n'est pas pour autant que ma vie est parfaite.

« Et si tout s'arrêtait ? » Cette question, je me la pose bien trop souvent, comme beaucoup qui ont une entreprise. En réalité, elle ne devrait pas se poser, parce que la réponse à cette question est toute trouvée : je rebondirais, évidemment. C'est sûr, qu'avec mon caractère, je ferais tout pour entreprendre de nouveau ou sinon me servir de mon expérience pour trouver un autre métier qui me plaît. Mais en attendant, je préférerais pouvoir profiter sans me torturer constamment en pensant au moment où cela pourrait ne plus marcher.

CHECK-LIST POUR ÊTRE ET PENSER POSITIF :

- **Ne pas faire une montagne des obstacles à affronter :** tout problème a sa solution, ou au moins des pistes d'amélioration. Maître mot : re-la-ti-vi-ser (oui, c'est souvent compliqué).
- **Parler.** Que ce soit à son entourage, à des personnes de confiance, à d'autres gens du milieu ou bien à des professionnels de santé, mais ne pas tout encaisser tout seul et pouvoir libérer son esprit.
- **Faire le point** sur tous les aspects fructueux ou positifs, sur les réussites.
- **Comprendre et analyser les échecs** pour en tirer des axes d'amélioration et pouvoir espérer de nouvelles réussites potentielles.

Rien n'est définitif ou insurmontable, je crois. Ça ne veut pas dire que ça ne peut pas être douloureux ou bien difficile mais, une chose que l'univers *Harry Potter* m'a appris, c'est qu'à défaut d'avoir des pouvoirs magiques, on a le pouvoir d'influencer notre destin et d'être maître de nos décisions et de nos choix.

Quand je regarde ce que j'ai accompli alors que je suis encore si jeune, je me rends compte que je n'aurais jamais pensé que ce soit un jour possible. Même si quelqu'un était venu du futur pour m'annoncer que je vivrai à plein temps de la création autour d'un univers qui me fait vibrer, avec une communauté en or, de superbes collaborateurs qui me font confiance, je ne l'aurais pas cru.

Petit exercice : liste toutes les choses que tu as accomplies et dont tu es fier(ère) ! Peu importe ce que c'est, ce qu'en pensent les autres ou s'ils le jugent futile, chacune est respectable, c'est toi seul(e) qui décide.

LA LISTE DES CHOSES DONT JE SUIS FIER :

- Avoir terminé et validé mes études.
- M'être fait confiance et avoir été autodidacte.
- Être indépendant.
- Avoir atteint 100 000 abonnés sur YouTube le lendemain de mon anniversaire.
- Avoir appris à me faire davantage confiance.
- Pouvoir faire plaisir aux personnes que j'aime.
- Avoir créé ma box et ma collection de vêtements *Harry Potter.*
- Avoir un entourage sain et qui me tire vers le haut.
- Écrire ce livre.

LA LISTE DES CHOSES DONT TU ES FIER(ÈRE) :

....

....

....

....

....

....

....

....

....

....

Si tu as envie, fonce. Donne-toi les moyens, écoute les conseils bienveillants mais pas les messages qui ne sont pas encourageants. Ça va peut-être être difficile, tu vas beaucoup apprendre sur toi mais, si tu as envie, fonce. Je ne connaissais personne dans mes proches qui était dans l'entrepreneuriat et tout s'apprend, je te le promets. Et à l'inverse, si ça ne t'intéresse pas du tout, que tu envisages une autre carrière, c'est un choix tout aussi respectable. Il y a des caractères différents et une place pour chacun.

LA CRÉATION DE CONTENU

Aujourd'hui, de nombreuses marques font appel aux leviers de l'influence des créateurs de contenus sur les réseaux sociaux pour promouvoir leurs produits ou leurs services. C'est une publicité digitale très ciblée et qui permet aux annonceurs des performances incroyables.

La très grande majorité de mes contenus et de ce que je partage n'est pas réalisée en collaboration avec une marque. Mais, lorsque c'est le cas, la procédure est aujourd'hui toujours à peu près la même. En général, je reçois une proposition de campagne par e-mail que l'on étudie : on regarde si le produit ou le concept me plaît, le sérieux de l'enseigne et la véracité des produits, si je les ai déjà ou si je peux les tester, et s'ils plairaient à ceux qui me suivent. Il m'arrive aussi de vouloir travailler avec une marque en particulier et de demander à mon agent s'il est possible qu'on prenne contact. Si le contact se passe bien et que les critères précédents sont remplis, nous discutons des prestations précises à réaliser : placement de produit sur une vidéo YouTube ou bien en *stories* sur Instagram, les volontés de l'annonceur (date de publication, liens à intégrer, etc.) et, évidemment, la définition du budget pour la création de contenu et son impact.

J'ai longtemps géré seul tout cet aspect commercial mais, depuis que je suis accompagné, je prends beaucoup plus de plaisir à partager mes idées créatives car je peux concentrer mon esprit sur la meilleure façon de mettre en avant le partenaire avec ma touche et mon univers.

VI

J'ai décidé de travailler avec quelqu'un parce que je n'avais plus le temps de gérer toutes les campagnes mais aussi parce que, en étant seul, il est difficile de se vendre, de connaître ses tarifs et d'estimer « sa place ». Au-delà de cette aide commerciale, j'ai aussi trouvé un ami et une oreille attentive dans ce monde bien particulier et parfois nocif.

ILS TÉMOIGNENT

LE VÉCU D'AMEL

J'ai toujours voulu accomplir de grandes choses d'aussi loin que je me souvienne. Petite, j'avais déjà envie de m'occuper de la gestion d'un magasin, sans me rendre compte de la charge de travail, évidemment, mais toujours avec cette envie d'essayer. Quand j'ai choisi de me mettre à mon compte et tenter de vivre cette expérience en vendant mes créations artistiques, j'ai fait face à de nombreuses mises en garde. On me répétait que j'étais trop jeune, que c'était encore plus difficile pour une femme, qu'il allait falloir se battre, que j'aurais pris bien moins de risques en continuant mes études et en finissant dans un bureau. Au-delà de la bienveillance derrière certains commentaires qui n'étaient probablement pas intentionnellement blessants, ils étaient loin d'être encourageants. Je trouve cela frustrant qu'on ne pousse pas tout le monde à essayer, à entreprendre et à voir ce qu'il se passe. Dans le pire des cas, c'est une expérience qui fait grandir. Peu importe son identité, son origine ou encore le revenu de ses parents, tout le monde devrait être encouragé à entreprendre et oser se lancer.

C'est, pour moi, la meilleure expérience que j'ai pu vivre. Je porte probablement une grosse charge sur mes épaules et je n'ai pas souvent le temps de m'ennuyer, mais j'ai la chance de diriger ce que je fais et de ne dépendre de personne d'autre. Je ne dis pas que c'est une option qui plairait à tout le monde, mais il existe une diversité qu'il faut entretenir et il y a autant de créateurs d'entreprises qu'il y a de caractères et de façons différentes de voir les choses. Si tu lis ce texte et que tu hésites, je t'en prie, lance-toi et essaye. Oublie ce que pensent les autres, et concentre-toi sur ton projet pour le propulser au moins aussi loin que ce qu'il mérite. Évidemment, il faudra d'abord établir solidement ton projet, prendre le temps de faire correctement les choses sur des bases solides, ne pas tout risquer sur un coup de tête, mais sois confiant en toutes tes ressources !

LE E-COMMERCE *HARRY POTTER*

Depuis que j'ai découvert les objets dérivés de la saga *Harry Potter*, je souhaitais pouvoir recevoir une box par abonnement *Harry Potter*. J'en ai acheté quelques-unes, puis on m'a proposé d'en recevoir tous les mois jusqu'au jour où j'ai voulu créer mon propre site et mes propres boîtes, « La Box Sur Demande » : un colis contenant plusieurs objets dérivés de la saga. Passionné par cette licence et par les objets décoratifs et utiles (coussins, stylos, carnets…), je me suis lancé ce défi fou de créer ma propre marque et mon concept avec ma vision graphique.

J'ai rempli toutes les démarches, déposé ma marque, créé seul mon site Internet, recherché des fournisseurs, testé de nombreux produits, fait des essais dans tous les sens, jusqu'à trouver l'identité visuelle et le design qui me plaisaient, le nombre de produits que je voulais et le concept d'objets surprises. Ce processus m'a demandé beaucoup de travail, de recherches, d'organisation, des heures de calculs, des fichiers d'idées créatives à n'en plus finir, des recherches administratives et juridiques, des e-mails dans toutes les langues et des crises de nerfs… mais cela m'a apporté une grande fierté, au final. Et j'ai enfin lancé ma première box, qui a eu un succès que je n'aurais jamais espéré. Pendant plus d'un an, j'ai réceptionné des palettes immenses de marchandises et réalisé chacune des box à la main, tout seul, pendant des jours et des jours. J'ai découvert tout l'envers du décor, tous les imprévus, mais j'ai été comblé de tous les retours et les améliorations perçues par ceux qui achetaient les box au fur et à mesure du temps.

Les ventes continuant d'augmenter, j'ai décidé de prendre de l'aide concernant la conception des boîtes pour aller plus vite, tout en satisfaisant un maximum de personnes. Cette box me ressemble, les produits que je propose me plaisent à chaque fois et j'avance dans cette aventure avec toujours de nouvelles idées et de nouvelles améliorations.

J'ai également pu créer sur mon site des collections officielles de vêtements *Harry Potter* nées d'une collaboration et d'une conception complètement à mon image, avec des visuels magiques. Gérer un site e-commerce demande beaucoup de travail, de l'élaboration des produits à leur mise en avant, en passant par la gestion et la préparation des commandes, du service client, mais aussi des fournisseurs et livreurs, ou encore des tableaux financiers. C'est un travail de longue haleine mais très formateur et qui apprend à devenir polyvalent.

LE RAPPORT À L'ARGENT

L'argent est un sujet encore très tabou et parfois presque honteux. Dès que j'ai eu l'âge de comprendre, mes parents ont été transparents avec la notion d'argent, ils m'ont appris sa valeur et m'ont responsabilisé à son utilisation. Évidemment, dans notre société, beaucoup de choses tournent autour de l'argent ; il permet d'accéder à certains biens, ou encore à des voyages et des privilèges. Je ne m'en suis jamais caché, j'aime l'argent et j'ai toujours voulu rapidement gagner mon propre salaire.

Quand j'étais un des premiers dans ma catégorie à demander une rémunération pour des contenus autour d'*Harry Potter*, j'ai parfois entendu que si j'acceptais d'être payé, je n'étais plus passionné ni légitime, mais simplement avide d'argent. Mais heureusement que j'ai toujours demandé à être payé pour un travail que je faisais, surtout quand on sait ce que ça rapporte ensuite aux marques. Parce que, malheureusement, mon loyer ne s'est jamais payé en échange d'une baguette *Harry Potter*, et oui, la création et la visibilité de contenu doivent être rémunérés en conséquence du travail fourni. Ce n'est pas du tout incompatible de mêler l'argent et sa passion. Tant que tu es droit dans tes baskets, que tu connais tes limites et que tu es honnête, tu ne dois rendre des comptes à personne.

AZKABAN PRISON
390
LA BOX SUR DEMANDE
LA BOX SUR DEMANDE
5
BEN HPTS
51
LA BOX SUR DEMANDE

Je ne pense pas avoir un rapport malsain à l'argent, mais il reste assez particulier parce que certains mois, des montants que touche ma société peuvent être impressionnants. Ils sont bien entendu à nuancer car il faut ensuite déduire toutes les charges, les achats, les impôts ou encore la TVA. J'ai commencé à gagner de l'argent avant mes amis, et je n'ai jamais voulu que ça creuse un écart entre nous. Malheureusement, j'ai aussi découvert à mes dépens que l'argent et une toute petite notoriété peuvent parfois rendre les gens mauvais. J'ai très vite gagné ma vie et j'ai pu dépenser comme je le souhaitais mes sous. Je n'ai jamais fait des folies vestimentaires ou acheté des sacs de luxe, parce que j'ai toujours eu l'idée de mettre de côté pour m'acheter, un jour, un bien immobilier. Je ne gagne jamais réellement la même chose d'un mois à l'autre et j'essaye de me faire plaisir tout en gardant les objectifs que je veux atteindre en vue.

ET L'ARGENT
DANS *HARRY POTTER* ?

La notion d'argent est également abordée dans la saga. *Harry* apprend, par exemple, à l'âge de onze ans qu'il possède beaucoup d'argent, légué par ses parents et ancêtres, à *Gringotts*, la banque des sorciers. Pour autant, il n'est absolument pas obsédé par l'argent et n'hésite pas à s'en servir pour faire plaisir à ses proches, comme pour acheter des confiseries à *Ron Weasley* lors de leur première rencontre dans *Harry Potter à l'École des Sorciers* de J. K. Rowling, ou bien plus tard pour aider *Fred* et *George* à créer leur magasin. La famille *Malefoy*, à laquelle appartient *Drago*, est également très fortunée mais, à l'inverse d'*Harry*, elle est bien davantage focalisée sur l'apparence et le pouvoir. Enfin, *Ron Weasley* vient d'une famille tout à fait différente et bien plus pauvre, ce qui l'amène à subir parfois des moqueries à cause de cela, parce qu'il ne peut pas se payer des fournitures neuves, notamment. Dans la saga *Harry Potter* sont aussi pointées ces différences liées au milieu social, aux revenus et à la façon dont cela est perçu par la société.

UN ESPRIT CRÉATIF ET ORGANISÉ, MAIS DES CONCESSIONS

Je ne crois pas qu'il y ait de secret pour entretenir la créativité, si ce n'est de s'écouter. Je ne me suis jamais forcé à produire du contenu quand je n'en avais pas envie, je ne me suis jamais imposé des tâches créatives quand mon cerveau me disait de faire tout l'inverse. Il faut entretenir sa créativité et aussi accepter qu'elle ait parfois besoin de vacances.

Avec tous les projets que j'entreprends et qui m'animent, mon mot d'ordre, c'est l'organisation. J'ai besoin d'être organisé pour ne pas partir dans tous les sens, perdre trop de temps ou bien passer à côté d'un élément important. J'ai parfois tendance à millimétrer mes journées pour m'assurer que tout soit fait en temps et en heure et pour m'instaurer un certain cadre.

MON ORGANISATION :

- **Je planifie toutes mes journées sur mon agenda connecté.** J'ai un code couleur associé à toutes les différentes tâches (boutique en ligne, mails, administratif, rdv, etc.), ce qui me permet d'avoir une vision globale de ma semaine et un détail jour par jour pour ne pas m'éparpiller au moment d'être productif. J'ai également un *bullet journal* sur lequel je note toutes les tâches de ma journée que je peux faire évoluer selon les imprévus.

- **Je fais des points régulièrement** avec les personnes avec qui je travaille pour être certain de l'avancée des projets, du bon déroulement de la situation ou encore pour débriefer des sujets à venir.

- **Le matin est souvent consacré aux tâches administratives** que je déteste faire (envoi de la comptabilité au cabinet en charge de mon dossier, traitement des e-mails, facturation, signature des contrats…), parce que je préfère me débarrasser dans un premier temps de ce qui m'encombre la tête.

- **Je me laisse toujours des plus longs créneaux pour la création de contenu.** Ainsi, je sais que j'ai, par exemple, une après-midi pour tourner ma vidéo et ne pas être alors pressé mais prendre du plaisir à la faire, enfin être fier du résultat.

- **Étant donné que je travaille de chez moi,** et que j'y passe une grande partie de mon temps, j'essaye d'avoir toujours un espace rangé et ordonné comme je l'aime pour être dans de bonnes conditions et motivé à travailler.

- **J'essaye de prioriser ce que je dois faire selon les évènements.** Par exemple, j'ai dû rajouter à mon agenda le processus d'écriture de ce livre ou encore sa promotion lors de la sortie en plus des autres projets prévus.

Ce choix de vie rempli de liberté est tout de même soumis à certaines contraintes : je n'ai pas d'horaires, pendant un bon moment je ne prenais pas de week-end ou de jour *off* et, si je devais compter les heures que je passe à travailler certains jours cela dépasserait les seize heures assez facilement. Il y a des périodes d'activités intenses pendant lesquelles je dors très peu, et où ma tête ne se repose jamais. Je n'arrive pas à m'imposer des horaires stricts et à me dire que je dois arrêter de travailler à 19 h, par exemple. Parce que je vais penser à envoyer un mail pour le lendemain, parce que je vais avoir une idée en tête, parce qu'une mauvaise nouvelle vient de tomber à propos d'un projet ou encore parce que certaines choses ne peuvent pas attendre sinon il y aura des répercutions. Il m'arrive, si j'ai une idée subite avant d'aller me coucher, de travailler dessus jusqu'au milieu de la nuit.

On m'a souvent reproché de faire passer mon travail avant tout, et mes proches se sont plusieurs fois inquiétés. C'en est même devenu une vanne avec certains amis qui ne prenaient plus la peine de savoir si j'avais le temps de sortir à force de connaître la réponse. Pendant un moment, je n'arrivais pas à tout gérer et j'ai complètement délaissé ma vie personnelle, ce qui m'a décidé à travailler avec d'autres personnes pour me libérer du temps essentiel à mon bien-être. Je ne laisse pas assez de place à l'imprévu, parce que j'ai tendance à vouloir tout maîtriser. J'avais accepté le « défi » que ma mère me proposait de ne pas du tout travailler un jour par semaine : le dimanche. Ce qui paraît de prime abord plutôt simple ne l'était pas en réalité pour moi, étant présent sur les réseaux sociaux, je ne pouvais pas complètement déconnecter.

Faire un métier qui est aussi une passion, c'est ne pas compter ses heures. Mais j'ai appris à faire des pauses, à lâcher prise et à m'imposer des week-ends qui me font le plus grand bien. Pour les vacances, c'est toujours compliqué de déconnecter complètement. Mais j'ai aussi compris qu'il valait mieux sur le long terme travailler moins et gagner moins d'argent pour ne pas passer à côté d'interactions sociales essentielles et de belles rencontres.

QUIZZ

QUEL SERAIT TON MÉTIER DANS LE MONDE MAGIQUE ?

1 Dans lequel de ces lieux es-tu le plus à l'aise ?

- Chez toi, mais tu peux vite t'adapter à un nouvel environnement.
- À l'extérieur, que ce soit un parc ou un grand stade.
- Peu importe tant que c'est un lieu fermé et qu'il y a du passage.
- Dans un endroit qui vit, qui a une âme et qui t'inspire.

2 D'après tes proches, quelle est ta plus grande qualité ?

- Ta grande rigueur.
- Ton indépendance et ton organisation.
- Ton dynamisme et ta motivation.
- Ton écoute et ta patience.

3 Laquelle de ces situations te met le plus mal à l'aise ?

- Constater des comportements égoïstes.
- Lorsque tes réactions trahissent tes émotions.
- Négocier un prix ou parler d'argent.
- Arriver en retard à un rendez-vous.

4 Pour toi, les études…

- … peuvent être longues pour apprendre beaucoup.
- … peuvent être une sécurité mais doivent être courtes.
- … sont importantes : c'est une priorité pour un métier qui plaît.
- … ne sont pas nécessaires pour trouver l'emploi de tes rêves.

5 Selon toi, quelle est la pire contrainte dans un travail ?

- Les horaires imposés.
- La hiérarchie et les règles.
- La fatigue qui s'accumule.
- Rester assis(e) derrière un bureau.

6 Tu aimes consacrer ton temps libre à…

- … t'informer sur des sujets qui te passionnent.
- … la pratique d'un sport pour devenir toujours plus performant(e).
- … sortir et t'amuser avec tes amis et tes proches.
- … te cultiver à travers les livres, le cinéma ou les musées.

7 Quel est le personnage de la saga *Harry Potter* qui t'inspire le plus ?

✦ *Ginny Weasley.*
▲ *Minerva McGonagall.*
(/) *Hermione Granger.*
● *Fred* et *George Weasley.*

8 Si tu pouvais créer ou utiliser un sortilège, il permettrait de...

/ ... revivre tes meilleurs souvenirs.
✦ ... contrôler le climat extérieur et la température.
● ... d'être à plusieurs endroits en même temps.
(▲) ... prolonger les journées de ton choix.

9 Quelle est la matière que tu préférais dans tes études *moldues* ?

✦ Les cours d'éducation physique et sportive (EPS).
▲ Les cours d'histoire et de français.
● Les cours d'économie et de finance.
(/) Je ne me suis jamais posé(e) la question.

10 Parmi ces phrases, laquelle correspond le plus à ton état d'esprit vis-à-vis d'un emploi ?

/ La rigueur et le sérieux sont importants, mais le lien social encore plus.
(▲) Il faut être passionné(e) et aimer ce que l'on fait, et surtout transmettre ce que l'on sait à autrui.
✦ La cohésion d'équipe et l'esprit collectif, c'est la clé : on est toujours plus fort à plusieurs.
● Il faut savoir prendre des risques, se tromper et recommencer jusqu'à atteindre ses objectifs.

Reporte ici le nombre de : / 4 ● 1 ✦ 0 ▲ 5

Tu as une majorité de / :

Tu occuperais un poste au sein du « *Ministère de la Magie* ». Toujours en contact avec tes collègues, tu travaillerais dans une ambiance chaleureuse malgré les contraintes, les objectifs et la rigueur demandée. Tu aurais plusieurs projets, un emploi du temps bien chargé et des idées à proposer.

Tu as une majorité de ● :

Tu ferais partie sans aucun doute des entrepreneurs(neuses) du monde magique, comme les jumeaux *Weasley* ! Tu as besoin d'indépendance dans ton travail, tu n'es pas gêné(e) à l'idée d'adapter tes horaires, à peut-être travailler le week-end et à gérer un planning assez chargé. L'aspect polyvalent te plaît et tu as besoin de tout contrôler.

Tu as une majorité de ✦ :

Tu es fait pour une carrière dans le sport, et plus spécifiquement le *Quidditch* dans le monde magique ! Tu as un esprit d'équipe et toujours envie de battre de nouveaux records. Tu imagines bien une carrière sur le terrain, porté(e) par l'énergie des supporters, malgré les concessions que cela peut entraîner.

Tu as une majorité de ▲ :

As-tu déjà songé d'enseigner à *Poudlard* ? Probablement pas, car le château n'est pas visible par les *Moldus*... Mais dans le monde magique, c'est sûrement la carrière que tu aurais embrassée. Tu aimes partager avec les autres et transmettre ce que tu sais avec pédagogie. Il ne te reste plus qu'à choisir si tu préfères la botanique, la métamorphose ou l'histoire de la magie...

FAIRE DANS CETTE GALERE !

VII

GRANDIR PLUS VITE QUE LES AUTRES

J'ai toujours pensé que nos expériences déterminaient davantage notre maturité que les bougies que l'on ajoute chaque année sur un gâteau. Il y a probablement autant d'états d'esprit qu'il existe de personnes, et ce sont certainement les différentes épreuves que chacun traverse qui forgent la maturité. Que ce soit à travers des périodes douloureuses, comme vivre le décès d'un proche ou s'adapter à une maladie, ou à travers des moments d'émancipation comme prendre son indépendance, ces évènements font grandir parfois plus vite que d'autres du même âge.

L'INDÉPENDANCE

Pendant mon adolescence, j'ai très vite voulu entrer dans le monde des adultes, faire comme les « grands » et gérer complètement ma vie sans avoir à rendre des comptes à qui que ce soit. Il me semble que j'ai parlé de mon premier appartement et de mon impatience d'habiter seul dès le début du lycée : je rêvais de prendre mon indépendance le plus rapidement possible. Je me suis toujours bien entendu avec mes parents, j'ai évidemment vécu des disputes, des périodes où ils m'agaçaient en étant trop sur mon dos, et d'autres où je voulais qu'ils me portent plus d'attention : une crise d'ado somme toute assez normale.

J'ai commencé à faire régulièrement des allers-retours à Paris pour voir des amis rencontrés sur Internet, construire des premiers projets professionnels et entrevoir d'autres horizons. Je n'avais pas d'appréhension à vivre tout seul, à découvrir les avantages et les contraintes de la vie adulte, au contraire, je n'avais qu'une hâte, c'est que cela arrive. Gagner mon propre argent, gérer mon budget et remplir ma fiche d'impôt (je t'assure qu'après avoir rempli la première, je n'avais plus hâte de remplir la suivante !). J'avais déjà au lycée certaines responsabilités et je professionnalisais mes activités sur les réseaux sociaux, j'avais donc ce besoin de me retrouver, de régir complètement mon temps et faire mes choix comme je l'entendais. J'ai eu l'occasion de partir de chez mes parents quelques mois avant mes dix-huit ans, pour ma première année d'études supérieures, comme nombre d'autres d'étudiants.

ET LE DÉSIR D'INDÉPENDANCE
DANS *HARRY POTTER* ?

Harry Potter est un personnage qui, au tout début de sa vie, n'a pas choisi mais a été poussé par la force des choses à prendre son indépendance. Il se retrouve orphelin très jeune et son oncle et sa tante n'ont pas vraiment le profil d'une famille d'accueil idéale. Il est systématiquement la dernière des priorités, il est traité avec mépris, sans aucune considération, au point de vivre enfermé un moment dans le fameux « *placard sous l'escalier* ». Avec une famille comme les *Dursley*, on comprend que le seul échappatoire d'*Harry* était de partir à *Poudlard* et se créer lui-même un entourage sain. Même à l'aube de sa vie d'adulte, *Harry* continue à montrer son désir d'indépendance et d'émancipation : en voulant, par exemple, partir seul en quête des *Horcruxes* dans le dernier tome, *Harry Potter et les Reliques de la Mort* de J. K. Rowling, pour ne pas mettre en danger ses amis, mais aussi parce qu'il se sentait plus qu'impliqué pour définitivement arrêter *Voldemort*.

J'ai alors découvert une nouvelle vie, une nouvelle ville, un premier appartement, un nouvel entourage, des contraintes, mais aussi la liberté. J'ai eu la chance de me trouver à proximité de plusieurs membres de ma famille qui me sont chers, tout en étant à une distance raisonnable de mes parents pour rentrer certains week-ends. On me répétait d'être patient, que le jour de mon indépendance arriverait, et enfin, cette fois, j'y étais. Je me suis très rapidement acclimaté à ce nouveau train de vie, à la paperasse et aux tâches quotidiennes. J'ai ouvert ma première entreprise au début de mon entrée dans le supérieur, tout en nouant de belles amitiés. Ceux qui habitaient un logement étudiant et qui avaient la possibilité d'aller chez leurs parents rentraient tous les week-ends, alors que je ne revoyais les miens qu'une fois par mois, parce que je travaillais, parce que j'étais occupé, et parce qu'à ce moment-là c'était très bien ainsi.

Après trois années d'autonomie, j'ai la sensation d'avoir une relation idéale avec ma mère et mon père. On communique très régulièrement et, lorsque que l'on se voit, les petites tensions qui pouvaient exister en habitant ensemble pendant mon adolescence n'ont pas le temps de s'installer. Je sais que je peux parler de tout avec eux, ils sont très à l'écoute, toujours prêts à me soutenir et m'encourager dans mes projets. Ils sont pour moi une force incroyable qui me tire vers le haut. Je suis vraiment reconnaissant de tout ce qu'ils m'ont appris et de l'amour qu'ils m'ont transmis. Ils ne m'ont jamais mis la pression, ont toujours accepté mes choix de vie sans les juger, et cela me donne une puissante envie de les rendre fiers.

Le petit bémol...

Il y a cependant un petit bémol dans tous mes élans d'envol : j'ai l'impression d'avoir grandi trop vite, d'avoir peut-être perdu une insouciance qui permet de profiter de la vie plus simplement et de m'être imposé beaucoup de contraintes trop rapidement. J'en avais choisi certaines, mais d'autres se sont clairement imposées à moi. Mes amis me disent parfois, pour rire, que j'ai trente-cinq ans dans ma tête, que je suis déjà posé et que je pense beaucoup à l'avenir en voulant tout anticiper. J'ai commencé à travailler très tôt, à avoir des responsabilités, à devoir jongler entre pressions et obligations. Des évènements de harcèlement aux contraintes professionnelles, en passant par l'acceptation de vivre avec une maladie, toutes ces étapes m'ont rendu mature très rapidement mais pas toujours volontairement.

ANECDOTE

La dernière étape pour gagner mon indépendance a été, pour moi, le passage de mon permis. Je n'avais pas du tout envie d'apprendre à conduire, mais je me suis bien vite rendu compte que, sans voiture, j'étais frustré dans mes déplacements. J'ai décidé de passer mon code de la route en une seule journée et le permis en un mois seulement. À partir de ce moment-là, j'ai senti que j'étais entièrement indépendant.

ÉVASION ET INDÉPENDANCE

LES 5 MOMENTS MARQUANTS OÙ JE ME SUIS SENTI LIBRE :

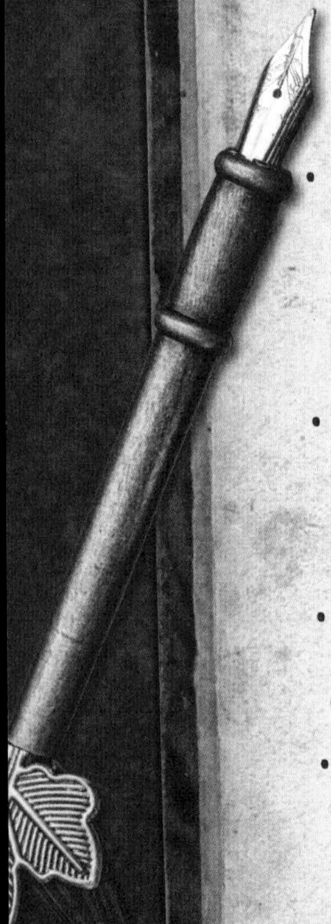

- **LA PREMIÈRE FOIS QUE J'AI VOYAGÉ** : QUAND L'AVION A DÉCOLLÉ JE ME SUIS SENTI LÉGER ET COMPLÈTEMENT LIBRE.

- **LORSQUE J'AI TERMINÉ ET VALIDÉ MA DERNIÈRE ANNÉE D'ÉTUDE** : J'AI EU LA SENSATION D'AVOIR ACCOMPLI UNE ÉTAPE QUE JE M'ÉTAIS FIXÉE ET QUE J'AVAIS CE POIDS EN MOINS.

- **DANS TOUS CES BONHEURS SIMPLES** : L'AIR DES SOIRÉES D'ÉTÉ, QUAND JE SUIS AVEC MES AMIS, QUAND JE ME PROMÈNE EN FORÊT OU QUAND JE NAGE.

- **QUAND ENTRANT À L'ÂGE ADULTE,** EN VIVANT SEUL, J'ÉTAIS MAÎTRE DE TOUS MES CHOIX.

- **TOUTES CES FOIS OÙ J'AI APPRIS AUX INFORMATIONS DES DRAMES** OU DES CONFLITS QUI M'ONT TOUJOURS RAPPELÉ À QUEL POINT J'AI LA CHANCE D'ÊTRE LIBRE ET EN SÉCURITÉ.

LES 5 MOMENTS MARQUANTS OÙ TU T'ES SENTI(E) LIBRE :

- ....

- ....

- ....

- ....

- ....

VII

LA MALADIE

Il arrive que, sur un chemin d'apparence droit et sans embûche, se glisse un imposant caillou qui vient en dévier la trajectoire et modifier l'histoire, sans qu'aucun moyen n'existe pour l'éviter. Même si tu en veux de toutes tes forces à cette pierre au milieu de ton parcours, ta colère ne pourra pas l'esquiver. J'avoue que je n'ai pas trouvé mieux que ce que j'ai envie d'appeler « la métaphore du caillou » pour illustrer la violence et le bousculement soudain de l'arrivée d'une maladie dans ma vie. C'est certain que ce mot est tout de suite plus lourd de sens que l'histoire du caillou, mais pas si loin dans sa signification.

L'année 2015 a profondément chamboulé ma vie. C'est bête d'écrire cette phrase si simple, si jeune, mais c'est ainsi que je ressens les choses. Je sais qu'il y avait un avant, la vie sans ces nouvelles contraintes, dont j'ai parfois du mal à me souvenir, et la vie après, et avec. Quand je repense à ce petit gars de presque quinze ans que j'étais, j'éprouve beaucoup d'émotions et de fierté face à la force physique et mentale que j'avais. Moi qui pensais ou me disais tout bas que c'était trop compliqué et que je ne m'en sortirai pas, je cherchais déjà malgré tout à m'autopersuader que j'allais réussir. Je me souviens encore de cette sensation de terreur lorsque je pensais à l'avenir, que je me projetais et que je réalisais que ma vie ne serait plus jamais la même. C'est un sujet pour moi très intime sur lequel je suis bien secret, même avec mes proches, et je ne me livre en réalité qu'à de rares occasions. Je crois que ce livre me permet, au-delà de délivrer un message positif et quelques conseils, de faire une sorte de bilan sur ce point également. Et puis, j'ai toujours peur de ne pas être légitime à l'aborder, car de nombreux cas sont bien plus dramatiques que moi et que j'ai la chance d'être en vie, mais c'est si libérateur de se confier !

C'était un beau et très chaud jour de juillet, je pourrais même te dire ce que j'avais mangé au déjeuner parce que je me souviens de chaque instant de cette journée, comme si elle était gravée dans ma mémoire. C'est aussi une manière pour moi de ne pas oublier et de pouvoir me remémorer tout le parcours accompli depuis. Inconsciemment, je savais qu'il allait se passer quelque chose, je ne savais pas encore qu'il y aurait tant de changements, mais sans pouvoir rationnellement l'expliquer, je pressentais de douloureuses épreuves. J'avais rendez-vous chez mon médecin généraliste, et j'avais tellement peur d'aller à cette consultation que je peux encore ressentir la sensation du carrelage froid sous mes pieds lorsque je faisais les cent pas en attendant de m'y rendre. Je me vois encore sur le chemin interroger ma mère pour vérifier que c'était bien une visite de routine et que, dans quinze minutes tout au plus, on serait en route pour rentrer à la maison. Elle essayait tant bien que mal de me rassurer alors qu'elle devait porter toute l'inquiétude d'une maman sur ses épaules.

Quand la médecin a prononcé mon poids qu'elle lisait sur la balance, j'ai découvert la stupeur de ma mère qui ne s'attendait pas à une telle perte de kilos. En réalité, je n'étais pas si choqué parce que je connaissais déjà ces chiffres, mais je m'étais bien gardé de les dire quand j'avais réalisé qu'ils étaient à l'origine de signaux d'alerte de mon corps. Très vite, de premières hypothèses et explications ont été griffonnées sur un bout de papier, mais la seule certitude c'est qu'il était urgent d'aller à l'hôpital avant que mon corps ne lâche. Quelques prises de sang et des examens ont suivi pour confirmer le diagnostic, puis une multitude de personnes se sont présentées à moi et m'ont examiné sous toutes les coutures, sans que je ne comprenne tout ce qu'il se passe. Dans ces moments de choc, je n'avais plus vraiment conscience d'être là, je faisais machinalement ce que l'on me demandait, comme un robot. J'étais apeuré, je me souviens avoir demandé quand même plusieurs fois si je n'allais pas mourir.

« J'ai une bonne et une moins bonne nouvelle : la moins bonne, c'est que l'on ne peut malheureusement pas guérir de cette maladie ni de ce qu'elle impose, mais la bonne, c'est que si tu fais comme il faut toute ta vie, tout se passera bien. »

Comme tu vas pouvoir le remarquer, que ce soit au fil des lignes de ce chapitre, tout comme quand je l'ai abordé en vidéo sur YouTube, je ne vais pas nommer cette maladie. Non pas pour rajouter un côté mystérieux ou de la gravité, mais pour continuer de protéger une partie privée à laquelle je tiens. Parce qu'avec les réseaux sociaux, certains se permettent de juger, de se moquer ou encore de faire des remarques déplacées sur des sujets aussi ciblés et sensibles. Au final, j'ai la sensation que ça ne changerait pas grand-chose, et je vois ça davantage comme un danger que d'entrer dans les détails. Ma volonté, en parlant de ce sujet, n'est pas d'ouvrir la porte au voyeurisme ou de chercher la compassion, mais bien de libérer la parole et d'exposer ce parcours aussi bien physique que mental par lequel je suis passé, dans l'espoir de pouvoir en aider d'autres.

POURQUOI MOI ?

Je ne passe que deux ou trois semaines dans cette triste chambre d'hôpital, et j'apprends à redécouvrir mon corps qui évolue, j'essaye de comprendre et surtout d'accepter. Le traitement n'est pas forcément lourd mais il est contraignant, imposant et continu. Il sollicite le corps mais aussi l'esprit. Je garde bien sûr en mémoire la bienveillance des médecins, infirmiers, aides-soignants et de tout le personnel hospitalier qui passaient jour et nuit et s'efforcaient de me transmettre des sourires d'encouragement. Le plus difficile, c'est peut-être quand je me refais le film, quand je me demande ce que j'ai fait de mal, si c'est de ma faute et comment j'aurais pu l'éviter. Je culpabilise, parce que je savais que j'avais perdu une dizaine de kilos depuis des mois, parce que je me rappelle de cette professeure qui m'avait confié en aparté ses inquiétudes, des remarques de la famille… mais je n'avais rien dit parce que j'avais peur.

Quand tu n'as même pas quinze ans et que l'on t'impose de lourdes contraintes médicales à suivre absolument pour être en bonne santé, tu trouves ça injuste. J'avais l'impression de porter toute la misère du monde et, à cette époque, je n'étais pas capable de relativiser. Pourquoi moi ? Pourquoi mon corps décide-t-il de s'autodétruire ? De tenter de ruiner ma vie ? Pourquoi tu me fais mal ? Pourquoi tu m'imposes ça ? Les pourcentages que l'on entend en permanence et qui paraissent si loin et abstraits, quand on parle de « 0,3 % de la population », sont tellement frustrants quand on y est confronté.

Je me souviens de l'annonce à mes proches, je reste marqué par la pitié que je voyais dans leurs yeux. C'est une période pendant laquelle j'ai été très entouré et soutenu, que ce soit par des messages, de l'amour ou des paroles libérées de certains habituellement plus pudiques. Je me sentais quand même paradoxalement terriblement seul face à cette situation que je devais apprendre à maîtriser. Mes parents ont été de véritables piliers pendant cette période et les longs mois d'adaptation qui ont suivi. Bien sûr, d'abord trop sur mon dos et préoccupés par ma santé, ils m'ont ensuite laissé continuer mes activités d'adolescent en me permettant de me reposer sur eux dès que la charge mentale devenait trop lourde au niveau des soins quotidiens. Puis la vie a repris, parce qu'elle reprend toujours. En me faisant confiance, mes parents ont pu constater que je prenais le dessus et, aujourd'hui, ce n'est pas un sujet tabou mais on en parle rarement parce que c'est devenu la routine et que, même si j'ai mis beaucoup de temps, je l'ai enfin accepté.

MES CONSEILS POUR FAIRE FACE À UNE MALADIE OU UN SUJET DÉLICAT :

- **S'écouter :** tu es la personne la mieux placée pour savoir si tu as envie d'en parler ou de te réfugier dans ton silence. Si tu préfères le silence, ne le garde pas trop longtemps, si possible, pour ne pas rester seul(e) face à tes pensées. Mais dans tous les cas, prends ton temps, c'est toi qui choisis le rythme.
- **Continuer à faire les choses comme tu l'entends :** il ne faut pas que cette maladie ou cette épreuve te définisse, mais que tu puisses en faire ta force et ta détermination.
- **Faire le tri :** si tu n'apprécies pas des réactions, que certains ne comprennent pas ta maladie, qu'elle soit physique ou bien psychologique, il faut apprendre à se séparer de ceux qui ne t'entoureront pas correctement pour avancer.
- **S'interroger :** c'est O.K. d'avoir peur, c'est O.K. d'en avoir marre, c'est O.K de vouloir retrouver sa vie d'avant et c'est O.K. de s'en plaindre.

La réaction de sa famille et de ses amis face à la maladie est toujours délicate : comment faire pour qu'ils la considèrent suffisamment et en même temps ne la rendent pas trop envahissante ? Je sais que j'ai été blessé par la maladresse de certains qui ne parlaient de la maladie que tout bas ou qui ne me demandaient pas directement comment j'avançais avec elle. Je n'en veux à personne, cela partait d'un bon sentiment, pour ne pas me mettre mal à l'aise, me heurter ou m'agacer à ne me parler que de ça, mais le résultat était pire. C'est une épreuve de la vie qui fait grandir, prendre beaucoup de recul, relativiser sur de nombreux problèmes du quotidien et tout ce dont on se plaint. Je ne dis pas qu'il ne faut pas râler pour des soucis plus futiles, je suis le premier à le faire, mais ça peut avoir du bon de prendre du recul et de voir le positif dans sa situation. Les amis que j'ai rencontrés par la suite n'ont jamais réellement prêté attention à cette maladie et à ce qu'elle engendrait, ce qui rendait les choses plus légères. Mais, à cet âge où l'on construit son rapport à soi, l'acceptation de son physique est parfois compliquée quand son corps est marqué.

Harry Potter, l'écriture et les réseaux sociaux ont fait partie de ma construction et de mon processus d'acceptation. J'avais la possibilité d'entrer dans un univers qui, au-delà de me faire rêver, me permettait de m'évader et d'oublier temporairement les responsabilités et la pression. Ces moments de lecture de la saga, qui me transportaient ailleurs, dans le monde des sorciers, me donnaient l'opportunité de voyager dans un univers qui me paraissait plus simple et plus limpide, c'en était apaisant. Les parties obscures des épreuves se retrouvant transformées en une forme de catharsis par l'art de l'écriture et de l'imaginaire. L'écriture a été une révélation pour poser des mots sur des douleurs et pour formuler la colère, la haine, la tristesse ou encore d'autres états d'âme. Je discutais par ailleurs sur Internet et rencontrais des personnes à qui je n'étais pas obligé de fournir mon carnet de santé ou qui me faisaient subir un interrogatoire, une autre forme de partage qui m'exaltait. Avec du recul, je me voilais un peu la face en me plongeant dans mes passions, parce que j'oubliais, le temps d'un instant, la réalité qui finissait toujours par me rattraper. Mais j'en avais besoin, il fallait que je pense à autre chose et que je redevienne un tant soit peu un jeune garçon frivole.

Aujourd'hui, plusieurs années après, j'ai appris à vivre avec ma maladie. Au quotidien, je me sens parfois enfermé, dépendant et pas complètement libre. Je ne compte plus combien de fois j'ai eu envie de tout envoyer valser, de m'affranchir de ces obligations, de tout abandonner. Mais ce n'est jamais la solution, alors je me calme, me ressaisis et je pense à ces choses qui me font du bien, à tout ce que j'ai accompli et à tout ce qui a fait que cette maladie est devenue pour moi un moteur pour avancer, me motiver et trouver la force de me battre. J'ai toujours peur de m'apitoyer sur mon sort quand j'en parle — peut-être parce que les occasions sont rares — mais si l'on part du constat qu'il y a toujours pire que sa situation dans la vie, il est inutile de se plaindre de quoi que ce soit et d'exprimer ses sentiments. Le plus difficile n'est pas la douleur physique ou le corps abîmé auxquels on finit par s'habituer, mais l'impact sur le moral et les fluctuations de tempérament que tout le monde ne comprend pas. C'est une bataille intérieure permanente et un combat psychologique lourd que chacun vit différemment et qu'il faut respecter. Ce qui est paradoxal, c'est qu'il peut arriver que je ne veuille pas que l'on m'en parle, tout comme parfois j'ai la sensation qu'on l'oublie au risque de me mettre dans des situations délicates. **J'ai dû apprendre à vivre avec, à me faire à l'idée que je ne m'en débarrasserai pas, que ça s'imposait sans que j'en ai le choix, mais surtout que ça ne me définissait pas, et que ça ne m'empêcherait jamais d'accomplir mes ambitions et mes souhaits les plus chers.** Je n'ai jamais grandi aussi vite qu'avec elle.

NE JAMAIS ABANDONNER

J'ai appris et constaté que la vie te met parfois à rude épreuve et ne te facilite pas les choses. Pour autant, ça ne doit jamais être une raison pour abandonner ! Parfois, certains renoncent à leur rêve car le parcours est plus compliqué que prévu, mais je peux t'assurer que la fierté sera encore plus grande lorsque tu seras arrivé(e) là où tu voulais.

Depuis cette date de l'été 2015, tous les ans, j'écris sur et à cette maladie, pour exprimer comment je me sens et à quel point j'ai progressé. Au final, c'est un combat de tous les jours, mais j'ai besoin de garder une trace de cette évolution et de ne plus en parler ensuite jusqu'à l'année suivante.

2020, LE CINQUIÈME ANNIVERSAIRE

Ça fait quelques jours que je me sens tout étrange. Encore plus que d'habitude. Je n'ai pas réussi à mettre des mots sur mes propres maux, à l'approche de la date. Tu sais, cette date qui se répète tous les ans et que tu redoutes un peu plus à chaque nouvel anniversaire.

Cinq ans aujourd'hui. Un quart de ma vie que je t'emporte partout avec moi, ou plutôt que tu me suis d'encore plus près que mon ombre. J'aurais préféré que tu me laisses du repos, que tu m'accordes de me tromper, de m'égarer ou juste de t'oublier, mais tu ne m'y autorises pas.

J'ai aimé, j'ai ri si fort que j'en ai pleuré, mais j'ai aussi versé des larmes remplies de souvenirs, d'idées, d'au revoir et d'adieux douloureux. J'ai envie de regarder tout ce que j'ai pu accomplir depuis la dernière fois que je t'ai fêtée, j'ai envie de me rappeler tout ce que tu n'as pas pu m'empêcher de réaliser. Voyager, rencontrer, créer, aimer ou encore partager. Mais j'ai surtout envie de le graver dans ma mémoire et d'apprendre de tous ces efforts et de toutes ces épreuves que j'ai dépassés dans le plus grand des silences.

Cette dernière année, tu sais, j'ai accompli des projets incroyables, mais je dois te dire aussi que j'ai été déçu, blessé par la méchanceté et la volonté de certains de faire mal ou de propager de la négativité. Mais, en réalité, tellement de choses sont futiles par rapport à toi. J'ai mis du temps à t'accepter, mais encore plus à reconnaître que je pouvais en avoir marre et vouloir abandonner. Parce que, cette année, je dois le reconnaître et aussi te le dire, j'ai craqué, j'ai parfois fauté, je me suis probablement mis en danger, mais tu ne peux pas m'en vouloir, tu prenais trop de place dans ma vie.

J'ai réalisé que tu m'as fait passer à côté de certaines choses. J'ai tellement voulu me débarrasser de toi, que j'ai fait comme si tu n'existais plus. J'ai rectifié le tir, mais tu m'as fait peur alors que tu ne devrais pas en avoir le droit. Si le prix à payer est que chacun de mes pas soient plus lourds à porter, qu'importe, le sol n'en restera pas moins marqué.

Tu es invisible, ou alors je te cache relativement bien, parce qu'on ne te voit pas. Parfois les choses sont deux fois plus dures avec toi, mais les réussir me rend deux fois plus fier. La maladie n'est pas toujours d'une forme frappante et foudroyante, elle peut être présente tout le long d'une existence, prête à vous ronger petit à petit. Mais on sort la tête de l'eau, on avance, on construit et on vit. Tu me stresses, tu m'abîmes, tu me fais mal, tu m'obstines, mais je crois, qu'au fond, je ne sais plus comment je ferais sans toi.

LA MORT

Que l'on soit enfant, au beau milieu de l'adolescence, ou même adulte, on n'est jamais préparé à vivre la mort de quelqu'un de notre entourage. Certaines sont plus violentes ou soudaines, tandis que d'autres sont plus naturelles, mais elles laissent toutes des traces indélébiles. J'ai la terrible sensation que la mort endurcit tout autant qu'elle abîme.

La confrontation à la mort est forte psychologiquement. La première fois que j'ai appris le décès d'un membre proche de ma famille, ma première réaction a été davantage la tétanie que la tristesse. J'ai eu besoin d'encaisser le choc et de réaliser la situation avant de pouvoir la digérer et de « faire mon deuil ». Je m'en suis même voulu de ne pas avoir pleuré tout de suite, ce qui est bête car nous avons tous des réactions différentes. L'épreuve la plus douloureuse a probablement été la cérémonie d'adieu et le rassemblement de la famille. Être confronté à la mort est peut-être l'une des étapes les plus redoutées de la vie, parce qu'elle reste une énigme, mais surtout parce qu'elle puise en nous tout autant d'émotions que d'énergie.

Tandis que certains s'éteignent de vieillesse ou emportés par la maladie, d'autres décident de mourir, tant la souffrance est insupportable. Le suicide est un mot tabou, qu'il faut cacher ou encore oublier. J'ai toujours été troublé par ce sujet qui résonne fortement en moi. J'ai connu des membres de ma famille qui ont mis fin à leur jour, j'ai vu des personnes quand j'étais encore au collège se mutiler et parler de faire l'impardonnable, j'ai vu de mes propres yeux une personne tenter de se suicider. Tout cela laisse des images terrifiantes. Je me suis mis à leur place, j'ai essayé de comprendre leur mal-être, la détresse psychologique qui peut te mener à vouloir quitter la vie. Je n'osais pas parler de ces ressentis, parce que je me disais que c'était un peu sordide de penser au suicide, de m'interroger sur ce sujet si sensible, alors que je n'ai jamais songé à passer à l'acte. Mais j'ai été bouleversé par les répercussions de ces évènements tragiques vécus de près. Enfin, j'ai réalisé que c'était normal de se questionner, de chercher des explications, de ne pas en trouver parfois, mais aussi d'être révolté, en colère et ne pas l'accepter.

J'ai vécu, en mai 2019, un accident de voiture qui aurait pu nous coûter la vie. Nous étions trois dans la voiture, innocemment prêts à aller passer une bonne soirée. J'étais à côté d'une amie sur le siège passager, quand un pneu de la voiture a éclaté sur une bretelle d'insertion sur l'autoroute. En moins de temps qu'il n'en faut pour crier, la voiture s'est retrouvée sur l'autre voie à contresens, percutant un premier véhicule qui l'a retournée, puis un second. Les secousses ont été violentes, les images et la peur terribles. Quand j'ai ouvert les yeux, mon premier réflexe a été de regarder dans le rétroviseur pour vérifier qu'aucune autre voiture n'arrivait sur nous, puis cette odeur de brûlé a paralysé mon corps. Je me souviens d'avoir vérifié aussi que mes amies allaient bien, et de la panique qui s'est emparée de moi quand l'une n'a pas réagi. Au final, on s'en est tous bien sortis malgré une très grosse frayeur, un vrai choc, et quelques cauchemars les nuits suivantes. Ce sont des évènements marquants de la vie qui construisent et qui donnent des leçons, notamment celle de profiter de chaque instant et de ne jamais se priver de passer à côté de moments de bonheur.

J'ai eu l'impression, pendant quelques secondes, de mourir, puis j'ai eu peur qu'il soit arrivé quelque chose aux autres, ce sont des sensations qui restent gravées. J'avais plein de craintes, mais je savais que je ne devais pas rester sur cette expérience traumatisante en voiture. J'avais décidé quelques jours auparavant que je passerai mon permis pendant l'été et, même si certaines séances ont été compliquées et douloureuses, j'ai préféré affronter mon angoisse plutôt que la refouler. On est tous affecté différemment par un accident, certains auront besoin de peu de temps pour s'en remettre, tandis que d'autres garderont longtemps des séquelles. Il faut accepter que chacun prenne le temps qui lui est nécessaire pour enfin se sentir apaisé.

ET LA MORT
DANS *HARRY POTTER* ?

Harry Potter est confronté très rapidement à la mort : âgé d'un peu plus d'un an, il voit mourir sous ses yeux son père puis sa mère. *Harry* est un personnage qui aurait pu se laisser détruire par son passé et les deuils qu'il a subi. Mais, au contraire, on ressent dans son caractère une force immense qui le pousse à être courageux et à ne jamais abandonner. Il ne devient pas aigri ou abîmé par la mort, bien que ce soit un sujet qui le perturbe, à juste titre, il n'en reste pas moins prêt à se construire un avenir comme les autres.

Tout au long de la saga, plus les aventures avancent, plus les personnages sont confrontés au décès de ceux qu'ils aiment et de ceux qui les ont protégés. Lors de la bataille finale, au château de *Poudlard*, dans *Harry Potter et les Reliques de la mort* de J. K. Rowling, *Fred Weasley*, *Nymphadora Tonks*, *Remus Lupin*, *Rogue* ou encore *Colin Crivey* meurent. Ce sont des personnalités fortes autour d'*Harry Potter* et des piliers pour notre héros qui s'est bâti une famille de cœur avec eux. Il perd son parrain quelques années avant et *Dumbledore* l'année précédente, mais il poursuit son chemin, comme toujours. *Harry* a cette faculté à rebondir, il a parfois du mal à reconnaître et accepter qu'il souffre, mais il finit toujours par extérioriser sa colère, faire de ces épreuves une force pour continuer à vivre.

Le phénix *Fumseck*, présent dans la saga *Harry Potter*, possède une faculté magique : ses larmes lui permettent de guérir les blessures et, à la fin de son cycle de vie, il se consume et renaît de ses cendres. Une belle métaphore et un message d'espoir pour montrer qu'il y a toujours moyen de s'en sortir.

QUIZZ

À QUEL POINT ES-TU *POUFSOUFFLE* ?

Coche chacune des situations ou faits si tu te reconnais dedans :

☐ J'ai souvent tendance à voir le verre à moitié plein.

☒ Me mentir est l'une des pires choses que l'on puisse me faire.

☐ J'arrive toujours à distinguer un trait positif chez un individu.

☐ J'apprécie passer du temps dehors et observer la flore.

☒ On me dit souvent que j'ai beaucoup de patience.

☒ J'aime m'isoler dans ma bulle pour me retrouver dans un environnement rassurant.

☐ Selon moi, il est inconcevable d'abandonner au premier obstacle.

☒ Je crois en la justice et la vérité qui finissent toujours par triompher.

☒ Pour moi, une des clés de la paix et l'amour, c'est la tolérance.

☐ Je suis assez détaché(e) du regard des autres et de ce qu'ils pensent.

☒ J'aime me donner les moyens pour accomplir ce que je veux vraiment.

☐ Le monde qui m'entoure m'émerveille très souvent.

☒ J'accorde une grande importance en la bonté des autres.

☒ J'ai un très grand cœur et j'ai tendance à beaucoup donner à ceux que j'aime.

☒ L'impunité est une notion avec laquelle j'ai beaucoup de mal.

☒ Je suis mentalement incapable de trahir quelqu'un.

☐ Je peux paraître sur la réserve, mais c'est surtout de la pudeur.

☒ Je ne cherche pas à suivre des codes ou bien des tendances, mais plutôt à m'en affranchir.

☒ Je ne supporte pas ceux qui se ventent de leurs réussites, ça leur enlève tout le mérite.

☒ J'adore travailler et je ne procrastine que très rarement.

REPORTE ICI LE NOMBRE DE CASES COCHÉES : ...13.......

Tu as entre 1 et 6 cases cochées : il y a de grandes chances que le « *Choixpeau magique* » n'ait pas longtemps hésité pour… ne pas t'envoyer dans la maison *Poufsouffle* ! Que ce soit la patience, la discrétion ou encore le travail acharné, ce ne sont pas vraiment les traits qui te caractérisent le plus. Pas de panique, tu ressembles sans doute davantage à une des trois autres maisons !

Tu as entre 7 et 15 cases cochées : selon ce quizz, tu es en partie *Poufsouffle*, probablement combiné avec les caractéristiques d'une autre maison de *Poudlard*. Tu apprécies peut-être le fait de t'enfermer dans une bulle pour te sentir à l'aise, ou bien tu détestes l'injustice et tu es très accroché(e) au principe que la vérité soit toujours récompensée.

Tu as entre 16 et 25 cases cochées : il n'y a plus aucun doute, tu es complètement *Poufsouffle*. Tu aimes la nature et tu t'ouvres aux autres sans aucune limite. Tu es toujours prêt(e) à travailler. Tu sais apprécier tout ce qui t'entoure et prendre le temps d'observer. Pour toi, il est important de croire en la bonté des autres.

VIII

SE DÉCOUVRIR, S'ACCEPTER ET ÉVOLUER

Si tu l'as lu dans l'ordre, tu arrives à la dernière partie de ce livre. Je suis persuadé que l'on se construit tout au long de sa vie et que les évènements auxquels on fait face vont déterminer notre rage de vivre, notre caractère mais aussi nos combats et nos fragilités. Ce chapitre est, pour moi, à la fois le condensé de mes ultimes réflexions que je voulais poser sur papier, et une forme de constat sur mes émotions, avec une ouverture sereine vers les nombreux évènements qui m'attendent encore.

SE CONSTRUIRE ET S'ACCEPTER

On se construit tout au long de sa vie avec les étapes que l'on traverse et grâce aux expériences qui, peu importe le résultat positif ou négatif qu'elles laissent, nous rendent plus riche. Il me paraît primordial de se découvrir, d'apprendre à se connaître, à reconnaître ses qualités et ses failles pour pouvoir davantage s'accepter.

J'ai eu l'immense chance de beaucoup voyager et chacune des destinations que j'ai pu explorer avec différentes personnes a participé à ma construction. Voyager, c'est souvent se dépayser, partir dans un endroit où l'on perd ses repères, où l'on tisse de nouveaux liens, mais surtout où l'on apprend beaucoup sur soi. Voyager m'a permis de me responsabiliser, de m'ouvrir à d'autres univers que ceux dans lesquels j'évoluais et j'ai toujours eu la sensation de grandir en revenant d'une destination.

ET LE VOYAGE OU LA QUÊTE
DANS *HARRY POTTER* ?

Le dernier livre, *Harry Potter et les Reliques de la Mort* de J. K. Rowling, est marqué par la quête des héros qui veulent retrouver et détruire les *Horcruxes* pour ensuite vaincre *Voldemort*. Cette aventure les mène à « voyager » du « *4, Privet Drive* » au *Terrier*, en passant par le « *12, Square Grimmaurd* », « *Godric's Hollow* », la « *Chaumière aux Coquillages* », *Poudlard* ou encore le manoir des *Malefoy*. Ils se retrouvent même à camper en pleine forêt pour tenter de se cacher et d'avancer vers leur objectif. Bien que ce voyage soit imposé et plus une corvée qu'une partie de plaisir, on peut suivre et découvrir le trio dans ces environnements insolites où ils sont face à de nouveaux doutes, des disputes mais aussi vivent de belles évolutions.

Il y a eu ce *road-trip* en Irlande avec des amies, de Dublin à Belfast, des rues décorées aux falaises impressionnantes, des pubs bondés aux salles de concert tout aussi remplies. De bons moments gravés et des frites de patate douce qui continuent à me hanter tant leur saveur a délicieusement réveillé mes papilles (sans exagération, promis). Il y a eu cette expédition glaciale un mois de décembre à Édimbourg, sur les traces de l'écriture de la saga *Harry Potter*, à la recherche des lieux-cultes qui ont inspiré l'histoire. Je me souviens d'avoir insisté pour emmener mes parents au milieu d'un cimetière afin de retrouver des noms liés à l'univers ou encore de passer de nombreuses fois devant le café qui a inspiré et dans lequel a écrit l'autrice. Il y a eu ces nombreux voyages à Londres, toujours entouré de personnes qui me sont chères et avec qui j'ai eu des discussions fortes en émotions dans les grands parcs ou au cœur de la ville. J'ai un attachement tout particulier vis-à-vis de cet endroit, je n'arriverai pas à expliquer pourquoi je m'y sens si bien et tellement serein. Je me suis toujours senti libre à Londres et je m'y suis souvent fait des promesses, fixé de nouveaux objectifs, qu'ils soient professionnels ou personnels, et même plus simplement, quand j'y étais, je me suis confronté à ce que je vivais pour faire le point.

À tous ces autres voyages que j'ai pu faire, merci pour tout ce que vous m'avez apporté. J'ai eu l'opportunité de parcourir des destinations qui m'ont permis d'immortaliser des souvenirs précieux et de parfois trouver des réponses aux questionnements que j'avais à des moments de mon adolescence ou du passage à l'âge adulte. J'ai effectivement toujours eu l'impression, qu'en voyageant, j'avais les idées plus claires et beaucoup plus de recul sur des tracas du quotidien ou sur des questions plus existentielles. Est-ce que ce que je fais me plaît vraiment ? Est-ce que cette situation me rend heureux ? Est-ce que cette personne ne me ferait pas souffrir ? Tant de questions pour lesquelles j'ai eu plus de facilité à trouver des réponses en étant loin de chez moi.

Se construire, c'est aussi découvrir de nouvelles idées, aller au-delà de ce que l'on a toujours entendu ou appris et se faire ses propres avis. Il me paraît tellement essentiel d'aller chercher les informations, de les comparer entre elles, de se forger sa propre opinion indépendamment de celles que l'on a entendues. La construction passe par le fait de trouver son libre arbitre, de réussir à juger soi-même les situations et d'être capable d'être seul décisionnaire.

Se construire et s'accepter, c'est également essayer de s'affranchir du regard des autres qui nous est imposé. La saga *Harry Potter* a toujours eu ce souci de transmettre, à travers ses situations et personnages tous plus singuliers les uns que les autres, la diversité et l'acceptation de tous. Peu importe son genre, son orientation sexuelle, ses origines, sa religion ou le fait de ne pas être croyant, son apparence, son revenu, et tout ce qui peut creuser des inégalités : **nous avons tous notre place et le droit d'essayer, d'échouer et de réussir.** J'ai beaucoup de mal avec le mot « normal » qui définit quelque chose de naturel, d'ancré ou de conforme à ce que l'on est habitué à voir. Et, pour moi, la saga *Harry Potter* fait en sorte de mettre en lumière des personnages, des parcours de vie, des ambitions, des réussites multiples qui cassent les codes de la normalité. Chacun est beau, chacun est capable de grandes choses et chacun mérite le respect.

Assumer ce que j'aimais et pouvoir crier haut et fort mon intérêt pour les univers fantastiques, même en étant adulte, a été pour moi une façon de m'affirmer. J'ai souvent reçu des messages de personnes de tous âges me remerciant de dire, sans me cacher, ce qui m'animait, les passions qui me faisaient vibrer et de ne pas les dissimuler sous prétexte que ce n'est pas de mon âge ou dépassé. Je suis convaincu que tout ce qui est secret, que l'on ne peut ou ne veut pas exposer au grand jour par choix ou par risque de représailles, nous oblige à mettre une partie de nous de côté et crée un mal-être qui finit par nous ronger.

Herman

Selon moi, pour évoluer, il faut également accepter ses peurs. Comme celles, pour mon cas, de m'ouvrir aux autres, de l'imprévu et de vivre au jour le jour. L'immense peur de perdre le contrôle ou de briser cette rigide carapace que je me suis construite, qui me fait toujours anticiper et m'imaginer le pire, mais qui n'empêche pas pour autant les déceptions. J'ai de terribles craintes de l'avenir, de ce que je vais faire dans quelques semaines ou quelques années, et avec qui. Des angoisses qui résultent d'un traumatisme ou de douloureuses expériences. Le plus difficile a été de prendre ces peurs en considération pour en trouver la source et essayer de les apaiser. Ce n'est ni un travail facile, ni un combat gagné d'avance, mais bien un passage nécessaire pour mieux se connaître.

À plusieurs reprises, j'ai sauté le pas et je me suis ouvert à de nouvelles personnes ou occasions, en jonglant avec la sensation de perdre le contrôle. Et, bien que certaines fois ça ait mené à des rencontres qui ont marqué ma vie, d'autres fois ça n'a pas fonctionné et laissé des traces amères. J'ai souvent ressenti cette peur de ne jamais m'ouvrir à nouveau, de ne plus jamais faire confiance, de ne jamais pouvoir m'en remettre et que le ciel me tombait sur la tête, mais je crois qu'on se remet de presque de tout. En réalité, on finit par se relever, passer à autre chose et on referme petit à petit les blessures. Le temps fait bien les choses, même si c'est difficile à entendre au pire moment. Il faut savoir se retrouver, observer ses émotions et apprendre à les accueillir, même si elles sont parfois douloureuses. Ne pas se juger, accepter d'être triste, d'avoir peur, de se sentir en colère ou coupable, pour ensuite pouvoir transformer ces émotions en motivation lorsqu'on se sent prêt.

Ma réflexion m'a amené à réaliser que j'ai longtemps pensé que j'arrivais à être heureux si j'étais pleinement épanoui dans mes relations et avec les personnes qui m'entouraient. Mais, finalement, j'ai compris que c'est plutôt le fait de s'occuper de soi, de mieux se connaître qui permet ensuite d'être en harmonie avec les autres.

AVOIR LE DROIT DE DOUTER, DE SE QUESTIONNER

Lors de son cheminement pour s'accepter, il y a des moments où l'on va forcément s'interroger et tout remettre en question. C'est humain de ne pas toujours réussir, de parfois foncer tête baissée ou, à l'inverse, de ressasser ses pensées en étant incapable d'avancer.

Il t'est peut-être déjà arrivé un jour de ne pas te sentir à ta place ? D'avoir la sensation de ne pas mériter ce qu'il t'arrive ? De penser que tu n'es pas à la hauteur ou que ce que tu as fait n'est pas si extraordinaire ? Si tu as répondu oui à une ou plusieurs de ces questions, il faut que je te parle du **syndrome de l'imposteur**.

J'ai découvert ces mots il y a quelques années et, bien que cette formulation soit de plus en plus populaire, je n'en ai compris la signification et son interprétation il n'y a que très peu de temps. C'est un phénomène psychologique chez certaines personnes qui fait que l'on ne s'attribue jamais le mérite de ses réussites et qu'on les explique systématiquement par la chance, ou bien qu'on les minimise. En réalité, je pense qu'on est nombreux à être touché par ce syndrome, à différentes échelles. J'ai commencé à avoir la sensation de parfois ne pas être à ma place sur les réseaux sociaux. Au-delà des remises en question, des doutes et de l'interrogation de ma présence sur Internet, je me suis très souvent demandé pourquoi moi ? Pourquoi est-ce que j'ai cette chance de pouvoir échanger avec une audience ? Pourquoi, à vingt ans, j'ai pu réaliser autant de projets ? Est-ce que je mérite réellement tout cet amour, mais aussi parfois cette haine ? Je ne pense pas que le cerveau soit préparé et habilité à recevoir autant de sollicitations, de bienveillance, et parfois de méchanceté, lorsqu'on est exposé publiquement. Bien sûr, dans mon cas, cela reste à une bien plus petite échelle que pour d'autres, mais je me suis souvent senti englouti et dépassé.

À force de toujours être sous pression, de toujours vouloir donner plus, de ne pas être à l'aise avec mon image, j'en suis parfois venu à douter de ma légitimité à m'exprimer sur Internet ou, plus simplement, de parvenir à gérer les opportunités et sollicitations qui sont bien plus complexes qu'il n'y paraît. J'ai réussi à travailler là-dessus, à comprendre que je ne vole la place de personne, que j'ai œuvré pour arriver là où j'en suis et que je peux être fier et profiter sans constamment penser que je suis un imposteur. J'ai accepté que j'étais comme ça, que mon parcours était ainsi et que cela pouvait m'arriver de parfois ne pas me sentir à ma place, à d'autres moments de lâcher prise et de craquer. J'ai aussi accepté que j'avais le droit d'être aidé, que je pouvais parler et aller mieux.

ET LE DOUTE
DANS *HARRY POTTER* ?

Heureusement, et c'est rassurant, les personnages d'*Harry Potter* traversent eux aussi des périodes de doutes et de questionnements. Que ce soit le trio lorsqu'il se lance dans des quêtes dangereuses au péril parfois de sa vie, que ce soit au travers des remises en question sur la confiance ou la loyauté, ou bien encore des incertitudes liées à l'avenir, c'est agréable de se dire que même les personnages que l'on admire ont, eux aussi, une vulnérabilité qui ne les rend pas moins forts. On peut en voir des exemples quand *Harry* craint que ses amis l'aient oublié après sa première année à *Poudlard* (alors que *Dobby* gardait les lettres qui lui étaient envoyées dans *Harry Potter et la Chambre des Secrets* de J. K. Rowling), les angoisses d'*Hermione Granger* qui est lucide face au danger, ou encore *Ron* qui en vient à douter de son amitié avec *Harry* dans *Harry Potter et la Coupe de Feu* de J. K. Rowling, comme évoqué précédemment dans ce livre.

Le sentiment que je déteste le plus et que je veux ressentir le moins possible, c'est le regret. J'ai une immense peur de regretter. Un temps, j'ai voulu tenter des études de médecine, puis être avocat, ou encore devenir psychologue et, tandis que parfois il faut se raisonner parce qu'on ne peut pas tout faire, d'autres fois, il faut aussi apprendre à s'écouter et essayer. Aujourd'hui, ce sont trois parcours de vie qui ne me tentent plus, mais je ne me mets aucunes barrières et rien ne m'empêchera, un jour peut-être, d'aller vers d'autres horizons.

Ne pas trouver sa voie dans ses études, dans son métier ou dans ses relations du premier coup, ce n'est pas grave. Ne pas réussir un projet, ce n'est pas grave. Échouer n'est pas qu'un échec, c'est aussi la réussite d'avoir essayé et il faut se servir des leçons de sa tentative pour rebondir. Rien n'est irréalisable si l'on décide de tout mettre en œuvre pour y arriver, et c'est exactement ce qui nous fait évoluer vers de nouvelles aventures.

VIII

ÉVOLUER

J'essaye tous les jours de devenir meilleur. C'est un peu cliché comme formulation, je te l'accorde, mais j'essaye vraiment de ne pas faire de mal à mon corps ni à mon esprit, de propager de la bienveillance et de la légèreté, et de pratiquer l'humour dès que je le peux. J'apprends aussi à me laisser aller, à cesser de tout calculer en permanence et à tenter de vivre pleinement, sans trop d'excès mais sans non plus me freiner. Je fais de plus en plus les choses selon les ressentis que je perçois et, si j'ai un mauvais pressentiment, je l'écoute désormais car c'est probablement le signal que ce n'est pas le bon moment, tout simplement. Mais maintenant, j'ai aussi envie de plus découvrir et sortir, de faire la fête, de rencontrer, d'envoyer au diable ces craintes et ces freins qui m'empêchent parfois de pleinement profiter.

J'ai réalisé que j'avais besoin d'avoir le contrôle sur tout ce que je faisais. Que c'était pour moi un mécanisme rassurant dans lequel je m'enfermais pour être certain que, peu importe ce qu'il arriverait, je ne puisse m'en prendre qu'à moi-même et n'être déçu de personne. D'un point de vue professionnel, c'est assez cohérent, mais d'un point de vue personnel, c'est très handicapant et parfois compliqué à vivre. J'ai construit une énorme carapace pour ne pas être blessé par les autres, qui se traduit par toujours plus d'anticipation, une inquiétude de l'avenir et une volonté de systématiquement prendre le dessus. Mais dans les relations personnelles, c'est un comportement malsain car, lorsqu'on tombe amoureux par exemple, que l'on décide de se lâcher, on ne peut ni contrôler l'autre, ni même ses propres émotions. J'accepte aujourd'hui cette partie de moi, j'essaye de ne plus m'en vouloir et de cesser d'être aussi dur avec moi-même. Je sais que j'ai envie d'évoluer, que c'est un processus qui se fera progressivement, mais déjà j'ai la sensation d'avancer et de ne plus me voiler la face.

LISTE 5 PROJETS OU RÊVES QUE TU AIMERAIS RÉALISER :

Les miens :

- Être bilingue en anglais.
- Voyager et visiter tous les pays qui m'attirent (Grèce, États-Unis, Canada, Islande, Australie...).
- Essayer de toujours avoir un travail qui me passionne et que j'aime faire.
- Acheter mon premier bien immobilier.
- Être épanoui dans mes relations sociales, familiales et amoureuses.

Les tiens :

- ....
....
- ....
....
- ....
....
- ....
....
- ....
....

Apprendre à être indulgent avec soi est aussi essentiel. Une phrase qui m'a marqué, sans que je ne me souvienne de sa provenance, c'est : « Célébrez vos succès comme vos échecs. Ils vous ont demandé du courage. » Elle est criante de vérité, elle traduit bien à quel point il faut apprendre à se traiter correctement et à ne pas s'autoflageller sous prétexte que l'on n'a pas été à la hauteur. La vie est remplie d'épreuves et il n'existe pas réellement de parcours sans aucune embûche, même si parfois on peut envier la vie d'un autre qui a l'air si parfaite, on ne sait jamais ce qu'elle cache. Il ne faut pas partir du principe que tout sera compliqué à vivre, ce serait bien trop triste et déprimant. En revanche, être conscient qu'il y aura des obstacles, qu'on ne pourra pas toujours les prévoir, qu'il faudra les surmonter avec la force que l'on aura à ce moment donné et en tirer les leçons nécessaires pour se forger et continuer d'avancer.

Tout en étant passionné par *Harry Potter*, je sais aujourd'hui aussi que cela ne me définit pas pour autant. On m'a forcément souvent associé, et c'est bien normal, à la saga avec les réseaux sociaux et tout ce que je partage à son propos. Mais, bien que j'y pense souvent, ma vie entière ne tourne pas qu'autour d'*Harry Potter*, et je suis évidemment capable de parler d'autres choses. Pourquoi est-ce que je dis cela ? Qu'est-ce qu'il y a de mal à être associé à *Harry Potter* ? Aucun. Mais dans ma construction et mon adolescence, j'ai parfois pensé que je n'étais apte qu'à faire des vidéos sur *Harry Potter*, par exemple, ou à ne ressentir de la reconnaissance que de cette manière.

J'ai décidé que je ne voulais plus passer à côté de belles opportunités par peur, j'ai pris conscience que l'isolement dans lequel je m'aventure me fait peur. J'ai réalisé que j'avais parfois besoin de la validation des autres pour pouvoir avancer, que j'avais besoin de me sentir en sécurité avant de m'élancer. Mais j'ai aussi cette envie viscérale de me sentir libre de faire ce que je veux, sans être soumis systématiquement à l'avis des autres ou à mes angoisses. Je veux accepter que certains évènements aient laissé des traces, que ça ne sert à rien de les ignorer, et qu'il vaut mieux apprendre à vivre avec et s'en servir comme d'une motivation, une inspiration, une force.

S'AMÉLIORER ET ÉVOLUER

LISTE ICI 5 POINTS SUR LESQUELS TU AIMERAIS TRAVAILLER.

LES MIENS :

- **APPRENDRE À M'AIMER DAVANTAGE,** SANS TOMBER DANS LE NARCISSISME OU L'ESPRIT MÉGALO. RECONNAÎTRE CE QUE J'ACCOMPLIS ET APPRÉCIER CHAQUE ÉTAPE FRANCHIE.

- **OSER FAIRE CONFIANCE ET NE PAS TROP M'ENFERMER DANS MA BULLE.** ME POUSSER À ALLER RENCONTRER DE NOUVELLES PERSONNES ET NE PAS PASSER À CÔTÉ DE MOMENTS UNIQUES.

- **SAISIR LES OPPORTUNITÉS QUI SE PRÉSENTENT,** MÊME SI ELLES IMPLIQUENT DES BOULEVERSEMENTS. RÉDUIRE MA PEUR DE L'INCONNU ET PRENDRE GOÛT À LA NOUVEAUTÉ.

- **NE JAMAIS NÉGLIGER L'IMPACT DE MA SANTÉ,** QU'ELLE SOIT MENTALE OU PHYSIQUE, ET ÉCOUTER MON CORPS LORSQU'IL EST POUSSÉ DANS SES RETRANCHEMENTS AVANT D'ARRIVER DANS DES ÉTATS CRITIQUES.

- **CONTINUER DE DÉVELOPPER MON OUVERTURE AU MONDE.** ENRICHIR MES COMPÉTENCES LINGUISTIQUES, DÉCOUVRIR ET APPRENDRE À TRAVERS DE NOUVEAUX VOYAGES.

ET LES TIENS ?

Évoluer, c'est aussi se questionner. Et, tu l'auras remarqué tout au long de ce livre, c'est un petit peu ce que je fais en permanence. Je mets souvent en confrontation des idées, je suis parfois dans des pensées contradictoires et, de manière générale, dans une certaine dualité. C'est une façon pour moi de poser et peser mes pensées, de les faire mûrir et de prendre une nouvelle fois ce recul nécessaire pour avancer. J'ai besoin de dire correctement ce que je vis et parfaire l'expression de mes ressentis pour être compris.

ET LA DESTINÉE
DANS *HARRY POTTER* ?

Un des aspects qui me fait autant aimer la saga *Harry Potter*, c'est le fait de suivre l'évolution des personnages, de leur enfance à l'âge adulte. On s'attache à chacun d'entre eux (même parfois les pires), parce qu'on les suit tout le long de leur vie et, qu'au final, même si la magie est présente, ils traversent les mêmes évènements que ceux auxquels nous sommes confrontés. Le héros nous prouve que malgré un début de vie chaotique, il réussit à être heureux, à réaliser ses rêves et à aimer. Pour moi, le destin n'est pas tout tracé, c'est à chacun de trouver la détermination de l'écrire. Si *Harry* n'avait pas été à *Gryffondor*, il aurait eu un destin complètement différent, de même si *Dumbledore* n'avait pas décidé de confier *Harry* aux *Dursley*, et si le trio ne s'était pas rencontré dans *Harry Potter à l'École des Sorciers* de J. K. Rowling, *Voldemort* n'aurait peut-être jamais été traqué. Ce sont, dans la vie réelle ou magique, ces suites d'évènements qui bouleversent l'avenir.

Enfin, et même si le parcours pour l'admettre est parfois complexe, il faut accepter que l'on ne puisse pas plaire à tout le monde. On a tant de fois répété ces mots, mais il existe tellement de diversité, de caractères ou de formes d'humour, qu'il est impossible d'être soi-même en étant aimé de tous. J'ai dû lire et relire encore cette phrase pour réussir à l'intégrer, parce que j'ai longtemps été persuadé qu'il y avait moyen de plaire à un plus grand nombre en s'adaptant ou en changeant parfois. Mais lorsque j'ai compris que la clé de l'épanouissement n'était pas entre les mains des autres mais entre les miennes, j'ai pu accepter que ce n'était pas utile ni possible de paraître parfait.

En terminant ce chapitre, je reçois un message privé de quelqu'un qui me confie avoir réussi à tenir bon suite à de lourdes opérations et à un parcours de vie semé d'embûches grâce à la saga *Harry Potter* qu'il a redécouvert à travers mes vidéos. En lisant ces mots, je suis encore une fois heureux de voir que cet univers puisse autant sauver, réunir et faire évoluer. J'ai l'impression d'avoir aussi été peut-être utile dans le contenu que je partage, ça me fait chaud au cœur et me conforte dans mon envie de continuer à échanger et à m'émanciper.

QUIZZ

QUEL AVENIR TE PRÉDIT LA PROFESSEURE *TRELAWNEY* ?

❶ Quel serait ton objet fétiche à emmener partout ?

- Une poignée de porte en métal.
- Un bracelet, souvenir d'une soirée bien arrosée.
- ⁄ Un carnet ou organisateur.
- ✦ Des photos de tes proches.

❷ Quelle est ta pièce préférée à *Poudlard* ?

- ✦ La salle commune de ta maison.
- ⁄ La bibliothèque.
- La « *Grande Salle* ».
- Les cachots, il y règne une belle ambiance.

❸ Que t'inspirent les mots « futur » et « avenir » ?

- ⁄ Beaucoup d'angoisse.
- Ce n'est pas nécessaire de s'en préoccuper.
- ✦ De l'espoir.
- Ce ne sont que deux synonymes.

❹ De quels traits voudrais-tu que les autres retiennent de toi ?

- Ton humour et ta bonne humeur.
- ⁄ Ton sérieux et ta rigueur.
- ✦ Ta gentillesse et ton écoute.
- Ta folie et ton côté décalé.

❺ Tu as tendance à plutôt envisager…

- ⁄ … le long-terme.
- … le court-terme.
- ✦ … le moyen-terme.
- … ce que tu vas manger ce soir.

❻ Quelle créature t'aurait accompagné(e) à *Poudlard* ?

- Aucune, tu aurais oublié de la nourrir.
- ⁄ Un chat, comme *Pattenrond*.
- ✦ Une chouette, comme *Hedwige*.
- Un crapaud, comme *Trévor*.

❼ Qu'est-ce qui est pour toi une fête ?

● Une surprise totale.
✦ Un pique-nique dans un jardin fleuri.
⟋ Un dîner réservé dans un restaurant.
▲ Tes moments de solitude.

❽ Il est facile de dire de toi que tu es…

● … jovial(e).
✦ … rayonnant(e).
▲ … pessimiste.
⟋ … tenace.

❾ Ton professeur préféré à *Poudlard* ?

✦ *Filius Flitwick.*
⟋ *Pomona Chourave.*
✦ *Minerva McGonagall.*
▲ *Sybille Trelawney*, quelle question !

❿ Quelle est ta plus grande peur ?

● Tomber dans la routine, t'ennuyer.
▲ Te coucher dans une couette qui gratte.
✦ L'abandon, et te retrouver seul(e).
⟋ Aller vers l'inconnu, sans savoir ce qui t'attend.

Reporte ici le nombre de : ⟋ 3 ● 1 ✦ 5 ▲ 1

Tu as une majorité de ⟋ :

Tu sembles assez préoccupé(e) par l'avenir. Un peu sur la réserve avec les autres et empreint(e) de quelques peurs viscérales. Ce n'est pas une mauvaise chose, mais n'oublie pas de profiter de l'instant présent, de ne pas passer à côté de belles opportunités et surtout ne pas avoir de regrets. *Trelawney* voit en cet avenir beaucoup de possibilités qui apporteront sécurité et sérénité…

Tu as une majorité de ● :

Il semblerait que tu vives à fond l'instant présent et que tu arrives à prendre beaucoup de distance avec les évènements pour tout simplement t'amuser et ne pas forcément te soucier de tous les tracas qui auront bien le temps d'arriver plus tard. *Trelawney* jalouse un peu ton lâcher-prise, mais se félicite de te voir épanoui(e).

Tu as une majorité de ✦ :

Sans être complètement tracassé(e) par ce qu'il t'arrivera dans quelques années, tu n'en restes pas moins soucieux(se) pour ceux qui t'entourent. Tu fais partie de ceux qui se sentent bien lorsque leur entourage est heureux et leur fait ressentir. *Trelawney* voit en toi beaucoup de bonté et de bienveillance, mais ne t'oublie pas pour autant, tu dois passer avant les autres.

Tu as une majorité de ▲ :

Si tu as une majorité de réponses qui te mènent à cette conclusion, tu es probablement de la famille de *Trelawney*. Des réponses sans grande cohérence et un peu loufoques, mais finalement qui ont tout à fait leur place et qui montrent bien ton ouverture d'esprit et un petit brin de folie qui ne fait vraiment pas de mal. *Trelawney* est très heureuse que tu aies entouré autant de chapeaux.

REMERCIEMENTS

C'était une expérience très riche que d'écrire ce livre. Comme je l'ai évoqué à différents endroits, je l'ai même parfois vécu comme une thérapie par les mots qui m'a permis de me libérer sur certains sujets.

C'est encore un peu cliché, mais je veux remercier mes parents pour les valeurs et l'amour qu'ils me transmettent — j'espère que ce livre vous rendra fiers. Merci au reste de ma famille, toujours derrière moi, à essayer de suivre les derniers projets en cours et les nouvelles folies que j'entreprends.

Merci à mes amis, ceux d'hier, ceux d'aujourd'hui et ceux de toujours. Vous me permettez d'avancer sereinement, vous m'avez beaucoup aidé dans ma construction à toutes les périodes de ma jeune vie, et j'aime chacun d'entre vous inconditionnellement.

À Laure, mon éditrice qui m'a accompagné durant tout le processus de création de cet ouvrage. À nos nombreuses conversations passionnantes et à cette bienveillance qui ont fait de ce projet une aventure trépidante.

Je remercie évidemment la saga *Harry Potter* qui m'a fait évoluer, rencontrer, qui a changé ma vie et qui continue encore de me propulser dans un monde merveilleux, rassurant et apaisant. Merci aussi à tous ceux qui ont bien voulu témoigner dans cet ouvrage. Leurs prénoms ont été changés pour conserver leur anonymat.

Enfin, et surtout, merci à ceux qui me suivent depuis près de dix ans sur les réseaux sociaux, ou depuis quelques heures seulement. Merci de m'accorder votre confiance, de me faire grandir, de me permettre de partager « notre passion » et de réaliser des projets aussi dingues que celui que vous tenez entre vos mains. J'espère du plus profond de mon cœur avoir pu vous transmettre sans filtre mes pensées, mes expériences et qu'elles puissent un jour vous servir ou vous guider.

Merci également à tous ceux qui m'ont un jour donné ma chance.

« ***Nox.*** »

Direction de la publication : Isabelle Jeuge-Maynart et Ghislaine Stora
Direction éditoriale : Émilie Franc
Direction artistique : Géraldine Lamy
Édition : Laure Sérullaz, assistée de Jeanne Friszman
Lecture-correction : Fanny Delahaye
Conception graphique et couverture : Bastien Gélas
Mise en page et adaptation : SKGD-Création
Fabrication : Émilie Latour

Crédits photographiques
© **Eleanor Jenkins - @eleanor.kins :** photos pages 7, 10, 17, 40, 59, 69, 79, 90, 101, 106, 114, 119, 125, 129, 135, 138, 145, 157, 162, 173, 180, 186, 191, 199, 207.
© **Ben HPTS :** photos pages 34, 54, 74, 75, 76, 77, 81, 83, 97, 141, 155, 195.
© **Nine Gorman :** photo page 167.
© **Charline Senet :** photo page 66.
© **Shutterstock :** dessins et fonds (parchemins, livres, cadre photo, scotch, papiers, bonbons...)

ISBN 978-2-03-600717-8

Photograveur : Nord Compo
Imprimé en Espagne par Estella Graficas
Dépôt légal : septembre 2021
328070 /01 – 11046556 – août 2021